U0468031

新时代水电移民探索丛书

守正创新 科学移民

——金沙江上游川藏段水电移民安置实践与启示

徐静 范雄安 黄谨 李贵兵 郑萍伟 等 著

中国水利水电出版社
www.waterpub.com.cn
·北京·

内 容 提 要

本书阐述了金沙江上游川藏段水电工程移民安置工作开展情况，梳理了移民安置特点，分析了移民安置工作中的重点和难点，系统总结了金沙江上游川藏段水电工程移民安置的前期工作、移民安置规划、移民安置实施、移民安置后续发展等工作实践和取得的效果，从工作理念、工作机制、工作方法等方面提出了移民安置工作启示，为其他水电站移民安置工作的顺利推进提供借鉴。

本书可供水电工程建设征地移民安置行业的政府管理、规划设计、工程建设管理等工作人员及理论研究者阅读，也可作为移民干部及相关工作人员的培训教材。

图书在版编目（CIP）数据

守正创新　科学移民：金沙江上游川藏段水电移民安置实践与启示 / 徐静等著. -- 北京：中国水利水电出版社，2025. 4. -- （新时代水电移民探索丛书）.
ISBN 978-7-5226-3107-3
Ⅰ．D632.4
中国国家版本馆CIP数据核字第20241MP832号

书　名	新时代水电移民探索丛书 **守正创新　科学移民——金沙江上游川藏段水电移民安置实践与启示** SHOUZHENG CHUANGXIN　KEXUE YIMIN ——JINSHA JIANG SHANGYOU CHUAN - ZANGDUAN SHUIDIAN YIMIN ANZHI SHIJIAN YU QISHI	
作　者	徐　静　范雄安　黄　谨　李贵兵　郑萍伟　等著	
出版发行	中国水利水电出版社 （北京市海淀区玉渊潭南路1号D座　100038） 网址：www.waterpub.com.cn E - mail：sales@mwr.gov.cn 电话：(010) 68545888（营销中心）	
经　售	北京科水图书销售有限公司 电话：(010) 68545874、63202643 全国各地新华书店和相关出版物销售网点	
排　版	中国水利水电出版社微机排版中心	
印　刷	北京印匠彩色印刷有限公司	
规　格	170mm×240mm　16开本　12.25印张　213千字	
版　次	2025年4月第1版　2025年4月第1次印刷	
印　数	001—800册	
定　价	80.00元	

凡购买我社图书，如有缺页、倒页、脱页的，本社营销中心负责调换
版权所有·侵权必究

《守正创新 科学移民——金沙江上游川藏段水电移民安置实践与启示》

编撰人员名单

徐 静	范雄安	黄 谨	李贵兵	郑萍伟	郭万侦	李 刚
李重庆	陈 敬	陈一新	郭瑾瑜	杨卫强	朱咏波	柳春娜
刘 建	陈 涛	朱岳刚	冯 涛	苟艾劼	张华山	李家明
李 进	姜正良	刘荣华	朱 瑜	唐 恺	秦东远	唐明武
卢 佳	崔洪梅	林朝阳	王 震	苏洪昆	朱 翔	谭金龙
向 军	杨秉卓	余 坤	褚 云	杜 华	马武林	杜立强
刘开勇	张 立	冯 云	赵 佳			

编撰单位

水电水利规划设计总院

华电金沙江上游水电开发有限公司

中国电建集团北京勘测设计研究院有限公司

中国电建集团成都勘测设计研究院有限公司

中国水利水电科学研究院

序

　　金沙江上游规划了13座梯级水电站，横跨四川、青海、西藏、云南四省（自治区），其中川藏段主要有叶巴滩、拉哇、巴塘、苏洼龙等4座在建水电站。金沙江上游川藏段区域环境特殊、地形地质条件复杂、耕地资源匮乏、移民收入结构独特、宗教信仰氛围浓厚、基础设施较为薄弱，水电工程移民安置工作面临农业安置困难、居民点选址困难、补偿项目构成特殊、工程建设难度大等多重难题。如何在特殊的自然和社会环境下，实现移民"搬得出、稳得住、能致富"，成为水电工程建设中的重中之重。面对重重挑战，各级政府及华电金沙江上游水电开发有限公司不畏艰难、精心组织、周密部署，通过创新移民安置模式、强化协同合作等方式，成功跨越了重重障碍，平稳、有序且高效地完成了移民安置工作。

　　在前期筹划阶段，为推动整个金沙江上游水电开发，国家能源局牵头建立了金沙江上游水电开发协调机制，为移民安置工作的推进奠定了基础。在移民安置规划编制阶段，充分考虑金沙江上游区域独特的自然、地理条件及民族、民俗特点，严格遵循国家相关法规政策，科学编制了移民安置规划。在移民安置实施阶段，建立了专门分层级的工作机制，编制了移民安置实施策划，创新了与行业统筹的移民工程复建管理方法，多措并举维护了社会稳定。在移民安置后续发展阶段，建立了持续跟进机制，推动移民的产业融合与社会融入，促进移民的长期发展与地区的可持续繁荣。从整体而言，金沙江上游移民安置工作达到了移民安置卓有成效、实施进度管控良好、拉动发展效应显著、移民概算有效控制、库区社会稳定和谐、移民管理水平提升的实施效果。

  本书以金沙江上游川藏段水电工程移民安置工作实践为依托，全面总结了移民安置过程中的实践经验与工作要点，系统提炼了适用于涉藏地区的移民安置方法与策略；还从工作理念、机制创新、管理模式等方面总结了实践经验，为未来涉藏地区乃至全国大中型水电工程移民安置工作提供了重要参考和决策支持。

  祝贺该书的出版，也希望更多专家学者共同关注我国水利水电移民工作，从而涌现更多的佳作。

  是以为序。

2025 年 3 月

前言

作为国家战略能源布局的关键一环，金沙江上游水电站建设肩负着保障国家能源安全、推动区域经济发展、提升当地民生福祉的重大职责。金沙江上游区域共规划了 13 座梯级水电站，横跨四川、青海、西藏、云南四省（自治区），其中川藏段涉及叶巴滩、拉哇、巴塘、苏洼龙等多座在建水电站，尤为关键。然而，兴建水电站将不可避免地对当地居民的生活与生产环境带来影响，因此，移民安置工作成为确保水电站建设顺利推进的基础与保障。

金沙江上游川藏段，因其独特的地理环境与复杂的社会文化背景，在移民安置工作方面面临着前所未有的挑战。该区域海拔高、耕地稀缺、居民生产技能单一，且民族多样、宗教氛围浓厚，这些现实因素叠加使得移民安置工作面临着资源限制、补偿补助标准确定难、宗教设施补偿复杂、工程建设难度大等多重难题。面对重重挑战，各级政府及华电金沙江上游水电开发有限公司不畏艰难、精心组织、周密部署，通过创新移民安置模式、强化协同合作等方式，克服了重重困难，平稳、有序且高效地完成了移民安置工作。

为全面总结金沙江上游川藏段水电工程移民安置工作的经验教训，提出适宜涉藏地区移民安置工作的方法和建议，为涉藏地区大中型水电工程移民安置工作提供借鉴和参考，华电金沙江上游水电开发有限公司委托水电水利规划设计总院开展金沙江上游川藏段水电工程移民安置工作实践总结工作。2022 年 1 月，水电水利规划设计总院组织中国电建集团北京勘测设计研究院有限公司（以下简称"北京院"）、中国电建集团成都勘测设计研究院有限公司（以下简称"成都院"）会同华电金沙江上游水电开发有限公司成立了课题组；2022 年 1 月—2024 年

10月，课题组通过10次集中办公、2次现场调研、1次专家咨询会议，形成了《金沙江上游川藏段水电工程移民安置工作实践总结工作大纲》《金沙江上游川藏段水电工程移民安置工作实践总结研究报告》等成果。

本书以金沙江上游川藏段水电工程移民安置工作实践总结课题为依托，全面总结移民安置过程中的实践经验与工作要点，系统提炼适用于涉藏地区的移民安置方法与策略，不仅对金沙江上游水电工程移民安置工作进行了全面回顾和总结，更提出了对未来水电工程移民管理工作的启示与展望，为推进金沙江上游其他水电工程以及全国其他类似区域大中型水电工程移民安置工作提供重要参考和决策支持，同时也促进了全国水电工程移民安置工作管理水平的提升和行业的发展。

本书在撰写过程中得到了四川省水利厅，西藏自治区水利厅，四川省甘孜藏族自治州水利局，西藏自治区昌都市水利局，四川省甘孜藏族自治州白玉县、巴塘县及西藏自治区昌都市芒康县、江达县、贡觉县人民政府和相关部门等的大力支持和指导，在此表示衷心感谢。此外，还要特别感谢华电金沙江上游水电开发有限公司的大力支持，为本书提供了基础资料、技术指导以及经费支持。本书的不足之处，敬请读者批评指正。

作者

2024年10月

目录

序

前言

第1章 概述 …………………………………………………………………… 1
  1.1 研究背景 ……………………………………………………………… 1
  1.2 研究范围 ……………………………………………………………… 3
  1.3 主要内容 ……………………………………………………………… 6

第2章 移民安置特点 ………………………………………………………… 8
  2.1 人地关系矛盾突出，农业安置颇具难度 …………………………… 8
  2.2 移民收入结构独特，林牧资源依赖度高 …………………………… 13
  2.3 地形地质条件复杂，居民点选址较困难 …………………………… 18
  2.4 宗教信仰氛围浓厚，社会网络构成复杂 …………………………… 20
  2.5 实物指标特征明显，建（构）筑物特色鲜明 ……………………… 22
  2.6 基础设施较为薄弱，公共服务不够完善 …………………………… 24
  2.7 征地跨越行政界线，政策管理存在差异 …………………………… 26

第3章 移民安置重点与难点 ………………………………………………… 29
  3.1 农村移民有土安置困难 ……………………………………………… 29
  3.2 集中安置选址限制多，搬迁安置方案拟订难 ……………………… 30
  3.3 移民高度关注特色实物指标调查和补偿 …………………………… 32
  3.4 规划需高度关注移民工程与地方发展的衔接 ……………………… 34
  3.5 安置补偿政策不一，解读宣传需要重视 …………………………… 40
  3.6 社会维稳事关大局，工作开展承压明显 …………………………… 43
  3.7 移民利益诉求多元多样，专业素养及应对能力要求高 …………… 45
  3.8 移民扶贫重叠交织，衔接工作影响重大 …………………………… 47
  3.9 移民安置进度控制难 ………………………………………………… 51

第4章 移民安置实践
- 4.1 精心筹谋前期工作 ... 53
- 4.2 科学编制移民安置规划 ... 60
- 4.3 统筹高效实施移民安置 ... 103
- 4.4 积极推动移民后续发展 ... 133

第5章 移民安置实施效果
- 5.1 移民安置卓有成效 ... 139
- 5.2 实施进度管控良好 ... 147
- 5.3 拉动发展效应显著 ... 148
- 5.4 移民概算有效控制 ... 155
- 5.5 库区社会稳定和谐 ... 158
- 5.6 移民管理水平提升 ... 161

第6章 移民安置经验总结和启示
- 6.1 守正创新：依法依规依纪，坚守科学移民 ... 163
- 6.2 提高站位：用心用情用力，做实移民工作 ... 164
- 6.3 前瞻谋划：提升顶层设计，重视事前策划 ... 165
- 6.4 创新机制：赋能"协作-决策-参与"全过程 ... 166
- 6.5 加强协调：建立和落实移民分层协调机制 ... 167
- 6.6 科学规划：重视设计管理，保障规划质量 ... 168
- 6.7 立足政策：统筹协调跨界移民安置与补偿 ... 170
- 6.8 凸显特色：贴合民风民俗，拓新理念方法 ... 171
- 6.9 问题导向：狠抓重点难点，创新建管模式 ... 172
- 6.10 管控资金：提高使用效率，严控补偿概算 ... 173
- 6.11 锚定目标：强化过程管控，监管进度计划 ... 174
- 6.12 强化管理：管控设计变更，维护规划严肃性 ... 175
- 6.13 以人为本：尊重移民意愿，维护社会稳定 ... 176
- 6.14 统筹规划：助力脱贫攻坚，推进乡村振兴 ... 177
- 6.15 担当有为：践行央企责任，助推地方发展 ... 178
- 6.16 善谋长远：注重产业扶持，激发发展潜能 ... 179

第7章 展望 ... 181

参考文献 ... 183

第1章

概 述

1.1 研究背景

1.1.1 研究区概况

金沙江位于长江的上游河段，其主源沱沱河发源于青藏高原唐古拉山脉主峰各拉丹东雪山的西南侧。沱沱河自南向北出唐古拉山后折向东流，从右岸汇入当曲后称通天河。通天河流至青海玉树附近汇入巴塘河后称金沙江。金沙江流经青海、西藏、四川、云南四省（自治区）至四川宜宾与岷江汇合后始称长江。金沙江流域位于我国西南部，地属青藏高原、云贵高原和四川西部高山区，流域总面积 47.32 万 km^2，占长江流域总面积的 26.3%；总落差 5142m，占长江总落差的 95%，水力资源极为丰富，是我国重要的水电资源聚集地，也是"西电东送"工程中重要的水电开发基地。

金沙江上游，即玉树（巴塘河口）至石鼓河段，区间流域面积 7.65 万 km^2，河段长 974km，落差约 1715m，河道平均比降 1.76‰。主要支流左岸有赠曲、欧曲、巴楚河、松麦河，右岸有藏曲、热曲、丹达曲等。金沙江上游河段水电开发规划范围上起巴塘河口下至奔子栏的干流河段，全长约 772km，天然落差 1516m，河道平均比降 1.96‰。根据《国家发展改革委办公厅关于金沙江上游水电规划报告的批复》（发改办能源〔2012〕2008 号），金沙江上游规划的"一库十三级"梯级布局及资源规划方案，即在巴塘河口到奔子栏长约 772km 的金沙江上游干流河段上规划了 13 座梯级水电站，它们均涉及

1

四川涉藏地区，自上而下依次为西绒（川青段）、晒拉（川青段）、果通（川青段）、岗托（川藏段）、岩比（川藏段）、波罗（川藏段）、叶巴滩（川藏段）、拉哇（川藏段）、巴塘（川藏段）、苏洼龙（川藏段）、昌波（川藏段）、旭龙（川滇段）、奔子栏（川滇段）等水电站，规划梯级总装机容量13920MW，年发电量642.29亿kW·h。目前，水电站在建6座，为叶巴滩、拉哇、巴塘、苏洼龙、昌波、旭龙等水电站；正在开展可行性研究勘测设计工作的水电站有3座，为岗托、波罗、奔子栏；西绒、晒拉、果通、岩比4座水电站需进一步研究，尚未启动可行性研究报告工作。

规划河段涉及青海省玉树藏族自治州（以下简称"玉树州"）、四川省甘孜藏族自治州（以下简称"甘孜州"）、西藏自治区（以下简称"西藏"）昌都市、云南省迪庆藏族自治州（以下简称"迪庆州"）等4省（自治区）的4个地（州），所涉及的县分别为青海省玉树州的玉树、称多两县，四川省甘孜州的石渠、德格、白玉、巴塘、得荣5县，西藏昌都市的江达、贡觉、芒康3县，云南省迪庆州的德钦县，共计11个县。涉及移民人口数量约1.22万人、耕地2.34万亩❶、林地18.47万亩、7个集镇、7座寺庙以及G215线（原竹茨公路XV07）46km、G318线10.97km（四川部分9.21km，西藏部分1.76km）。

金沙江上游河段建设征地呈现出六大鲜明特点：人地矛盾突出，耕（园）地面积有限，耕地后备资源匮乏，林草地资源相对丰富；移民收入结构特殊，种植业收入比重低，对林下资源的依赖程度较高，转移性财政收入占比大；地处高山峡谷，就近备选安置点较少；宗教氛围浓厚，藏传佛教对移民生产生活影响较大，寺院迁建工作具有特殊性；实物对象和民俗文化特点鲜明；基础设施配套不完善，移民生活条件相对较差。以上特点导致移民安置工作面临诸多挑战，如受资源限制移民安置难度大、补偿补助标准难确定、宗教设施补偿方案复杂、工程建设难度大、实施管理难度大、社会稳定压力大等。

1.1.2 移民工作实践情况

金沙江上游水电站的移民安置工作因其独特的自然地理条件和丰富的民族、民俗特点，面临着复杂的挑战。为有效应对上述挑战，华电金沙江上游水电开发有限公司（以下简称"华电金上公司"）有针对性地开展了移民

---

❶ 1亩≈667m²。

工作。

（1）在前期规划阶段，开展了金沙江上游水电工程移民多渠道安置方式和具体政策措施的课题研究，充分考虑金沙江上游区域独特的自然、地理条件及当地的民族、民俗特点，严格遵循并贯彻执行国家有关水电工程建设征地移民安置法规政策，秉持以人为本、因地制宜的原则，结合类似水电开发成功案例，分别从实物指标调查技术要求、农村移民生产安置方式、移民工程与地方发展规划衔接、实物补偿补助测算方法、征地补偿标准差异性和影响、移民工程建设机制等方面进行了全面且深入的分析研究，进而针对性地提出了具体的政策措施建议。

（2）在实施阶段，各方依法依规处理移民安置问题，严格遵循安置变更程序，派遣相关技术专家进行设计指导，强化了建设进度与质量管理，确保了安置政策的有效落实。同时这一过程，充分尊重地方宗教文化、信仰与移民意愿，结合金沙江上游的实际情况，采用逐年货币补偿安置为主，并灵活补充大农业、自谋职业、养老保险及第二、第三产业安置等措施的安置方案，以确保移民工作的科学性与适应性。此外，建立了有效的反馈机制，及时收集移民意见，增强了政策的灵活性与适应性。

（3）在后续发展层面，建立了持续跟进机制，推动移民的产业融合与社会融入，提供技能培训与文化交流，以确保其生活稳定与经济自给自足。这不仅促进了移民的长期发展，也促进了地区的可持续繁荣。研究中还鼓励建立合作社和其他经济组织，提升集体经济的活力，通过整合各类资源与政策，实施综合发展策略，助力移民家庭的多元化增收，在促进个人发展的同时，实现地区的协同进步。

1.2 研究范围

本书研究范围涵盖金沙江上游川藏段7座水电站，以在建的叶巴滩、拉哇、巴塘、苏洼龙4座水电站的移民安置工作为主，4座水电站共涉及移民生产安置人口3959人，搬迁安置人口3390人。

1.2.1 叶巴滩水电站

叶巴滩水电站位于金沙江干流上游，作为金沙江上游河流规划13个梯级的第7梯级，其上游毗邻波罗水电站，下游衔接拉哇水电站。该工程开发任务聚焦于电力生产。该水电站预可行性研究报告于2011年11月通过评审，并于2016年核准开工建设，计划2025年下闸蓄水发电。

根据可行性研究报告，叶巴滩水电站的建设征地范围广泛，涵盖了西藏江达县、贡觉县和四川白玉县的8个乡21个行政村。征地的主要实物指标包括：建设征地总面积37510.76亩（西藏18630.75亩，四川18880.01亩），其中永久征用土地34102.63亩（西藏17891.46亩，四川16211.17亩）、临时征用土地3408.13亩（西藏739.29亩，四川2668.84亩）。此外，该征地还涉及人口550人（西藏478人，四川72人）、各类房屋2.72万 m^2（西藏1.79万 m^2，四川0.93万 m^2）；企事业单位1家（四川）、等级公路17.4km（西藏）、10kV及以上输电线路12km（四川）、通信线路12km（四川）、小水电站1座100kW（西藏）等。生产安置人口664人（西藏618人，四川46人），搬迁安置人口610人（西藏534人，四川76人）；西藏部分涉及的迁移人口采取逐年货币补偿与自主安置相结合的生产安置规划方案，其中逐年货币补偿安置312人，自主安置306人；搬迁安置采取后靠分散建房形式；四川部分涉及的生产安置人口46人均全部采取自主安置方式；搬迁安置采取后靠分散建房形式。

1.2.2 拉哇水电站

拉哇水电站位于金沙江干流上游，作为金沙江上游河流规划13个梯级的第8梯级，其上游毗邻叶巴滩水电站，下游衔接巴塘水电站。工程开发任务以发电为主。水电站于2019年核准开工建设，2021年工程截流。

根据可行性研究报告，拉哇水电站的建设征地覆盖了西藏芒康、贡觉两县和四川巴塘、白玉两县，共计10个乡32个行政村。征地涉及主要实物指标包括：建设征地总面积53289.57亩（西藏26121.39亩，四川27168.18亩），其中永久征收占用土地48920.23亩（西藏24505.42亩，四川24414.81亩）、临时征用土地4369.34亩（西藏1615.97亩，四川2753.37亩）。此外，征地还涉及人口551人（西藏297人，四川254人）、各类房屋12.80万 m^2（西藏4.82万 m^2，四川7.98万 m^2）；小水电站1座200kW（四川）、人行道62km（西藏27km，四川35km）、人行吊桥72m/1座（西藏）等。共涉及生产安置人口737人（西藏395人，四川342人），搬迁安置人口598人（西藏339人，四川259人）。西藏部分的迁移人口生产安置采取逐年货币补偿安置与自主安置相结合的生产安置方式，其中逐年货币补偿安置232人，自主安置 163 人；搬迁安置采取分散建房形式。四川部分的移民生产安置采取逐年货币补偿安置与自主安置相结合的生产安置方式，其中逐年货币补偿安置 29 人，自主安置 313 人；搬迁安置采取分散建房形式。

1.2.3 巴塘水电站

巴塘水电站位于金沙江干流上游，作为金沙江上游河流规划 13 个梯级的第 9 梯级，其上游毗邻拉哇水电站，下游衔接苏洼龙水电站。工程开发任务聚焦于电力生产。2017 年 4 月，该项目的移民规划报告分别通过西藏自治区水利厅和原四川省扶贫和移民工作局审批；同年 10 月，该项目通过国家发展和改革委员会的核准；2020 年 12 月工程截流，并于 2023 年成功下闸蓄水发电。

据可行性研究报告，水电站的建设征地涉及西藏芒康县和四川巴塘县的 4 个乡（镇）、7 个行政村、14 个村民小组。涉及主要实物指标为：建设征地总面积 10037.24 亩（西藏 5487.05 亩，四川 4550.19 亩），其中永久征用土地 9112.66 亩（西藏 4765.81 亩，四川 4346.85 亩）、临时征用土地 924.58 亩（西藏 721.24 亩，四川 203.34 亩）；人口 608 人（西藏 604 人，四川 4 人），房屋 3.61 万 m^2（西藏 3.26 万 m^2，四川 0.35 万 m^2）；涉及汽车便道 15.74km、10kV 线路 16.5km 等。共涉及生产安置人口 360 人（西藏 286 人，四川 74 人），搬迁安置人口 644 人（西藏 640 人，四川 4 人）。西藏部分涉及的生产安置人口采取逐年货币补偿与自主安置相结合的生产安置规划方案，其中：逐年货币补偿安置 126 人，自主安置 160 人；涉及的 640 人搬迁安置均采取分散建房安置。四川部分涉及的生产安置人口 74 人均全部采取自主安置方式；4 人搬迁安置采取分散建房安置。

1.2.4 苏洼龙水电站

苏洼龙水电站位于金沙江干流上游，是金沙江上游河流规划 13 个梯级的第 10 梯级，其上游毗邻巴塘水电站，下游衔接昌波水电站。工程开发任务以发电为主。2017 年 11 月工程截流，2021 年实现下闸蓄水发电。

据可行性研究报告，该工程建设征地涵盖了西藏芒康县和四川巴塘县的 4 个乡、18 个村委会及 29 个村民小组。建设征地涉及的主要实物指标详见表 1.1。

表 1.1　苏洼龙水电站建设征地涉及的主要实物指标（可行性研究阶段）

序号	项目	单位	实物指标 合计	涉及的行政区域 四川	涉及的行政区域 西藏	备注
1	搬迁人口	人	1371	759	612	
2	房屋	万 m²	11.86	6.78	5.08	
3	土地	亩	34288.3	15820.95	18467.35	
4	专业项目					
4.1	G318 线	km	10.97	9.21	1.76	
4.2	四级公路	km	40.71	40.21	0.5	
4.3	机耕道	km	21.85	3.64	18.21	
4.4	10kV 输电线路	km	36.69	25.56	11.13	
4.5	通信线路	km	248.18	189.3	58.91	
5	未定级文物	处	7	4	3	

实施阶段生产安置人口 2198 人，采取以逐年货币补偿为主、自主安置为辅的生产安置规划方案。其中：逐年货币补偿安置 1516 人（西藏 868 人，四川 648 人），自主安置 682 人（西藏 298 人，四川 384 人）；实施阶段搬迁安置人口 1538 人（西藏 705 人，四川 833 人），涉及 2 个居民点，西运局居民点（南戈村）安置 304 人，安贡公居民点安置 210 人，分散安置 1024 人。

1.3　主要内容

本书选取金沙江上游川藏段在建的叶巴滩、拉哇、巴塘、苏洼龙 4 座水电站的移民为研究对象，立足四川、西藏两省（自治区）的移民管理工作要求和已完成移民安置实施的项目实践情况，对金沙江上游川藏段水电工程移民安置工作进行系统总结与研究，深入剖析金沙江上游川藏段水电工程建设中征地移民安置的独特性与复杂性，详细梳理移民安置过程中重点与难点，重点从前期筹划、移民安置规划、移民安置实施、移民后续发展几个方面，全方位归纳实践经验,并针对重难点问题提出切实可行的解决方案;客观评价移民安置工作的成效与突出亮点,全面提炼工作理念、工作机制方法以及建设管理模式上的实践经验与创新,以期为全国涉藏地区的水电移民安置提供参考与借鉴,从而推动我国清洁能源建设的稳步发展。

第2章

移民安置特点

2.1 人地关系矛盾突出，农业安置颇具难度

金沙江上游川藏段水电工程建设征地位于金沙江上游流域，其地域范围涉及西藏和四川两省（自治区），具体涵盖了西藏昌都的芒康县、贡觉县、江达县和四川甘孜州的巴塘县、白玉县和德格县共6县33个乡（镇）。当地以其独特的历史背景和复杂的地理环境而闻名，地区的社会结构较为复杂。同时，高海拔地区的气候变化剧烈，土地贫瘠且不均匀，耕种和放牧的条件极为苛刻，艰苦的自然条件和有限的资源使得许多居民面临严峻的生存挑战。虽然金沙江上游流域土地资源面积总量大，但是耕地面积比重小，且分布呈现出显著的不均匀性。具体而言，耕地主要是分布在河谷滩地、阶地及邻近坡地上，相较于河谷平坦区域，其产量和质量均存在明显的劣势。在农业安置方面，由于耕地的数量少且分布不均，许多居民难以依靠当地资源实现自我维持。根据实地调研的详细数据，金沙江上游各级水电站的建设导致了显著的耕地淹没现象。各村因电站建设而被淹没的耕地面积高达70%以上，部分村落的耕地甚至被完全淹没，剩余的耕地占比极其微小。

例如西藏昌都市的"三岩"片区，从历史条件看，该区域山高坡陡、信息闭塞、交通不便，当地耕地较少，群众生产生活水平较差。"三岩"片区下辖贡觉县克日乡、罗麦乡、沙东乡、敏都乡、雄松乡、木协乡和芒康县戈波乡7个乡（镇）45个行政村，土地面积1791km²，耕地面积1.5万亩，林地面积124.9万亩，草场面积108.8万亩。"三岩"搬迁之前，有农牧民人口

2752户16588人，其中建档立卡贫困人口1514户8022人，贫困发生率达60.88%，是典型的"一方水土养不活一方人"的深度贫困地区。

2.1.1 气候条件

研究项目建设征地区域地处我国西南部地区，位于青藏高原东部与川西高原交界处。该区域地形复杂，以高原、山地、盆地为主要地貌类型，整体地形地貌条件较为恶劣。然而，该区域拥有丰富的水能资源、矿产资源以及动植物资源，形成了特殊的自然地理环境。区域内主要以大陆性高原季风气候为主，但受到地貌差异和青藏高原地形的影响，该区域展现出复杂多变的气候特征。具体表现为：山地高原区域气候寒冷，而谷地气候则相对温和，昼夜温差显著，日照丰富且太阳辐射强度较高。此外，该区域具有明显的干湿季划分，雨季主要集中在6—9月，年降水量为400~600mm。

研究项目主要建设征地区域的海拔为2390~3220m，选取从上游的德格县到下游巴塘县的几个典型乡（镇）。通过分析这些乡（镇）的基本自然要素，得出该区域内的自然环境特性，详见表2.1。

表2.1　研究区域内建设征地典型乡（镇）自然环境特性

自然环境特性	典型乡（镇）					
	德格县卡松渡乡	白玉县金沙乡	贡觉县克日乡	江达县波罗乡	芒康县索多西乡	巴塘县苏哇龙乡
平均海拔/m	3010	2906	2702	2545	2475	2395
气候类型	大陆性季风高原型气候	大陆性季风高原型气候	高原温带半湿润气候	高原温带半湿润气候	亚热带气候	亚热带气候
主要种植作物	青稞、小麦、马铃薯	青稞、冬麦、马铃薯	青稞、小麦、油菜籽、马铃薯	青稞、小麦、油菜籽、马铃薯	青稞、小麦、油菜籽、马铃薯	青稞、小麦、油菜籽、马铃薯
年平均气温/℃	6.5	7.9	7.6	7.8	10	10
多年平均年降水量/mm	623	649	467	582	482	485
年日照时数/h	2086~2152	2034~2214	2320~2451	2300~2450	2530~2625	2530~2625

从表2.1中的数据来看，涉及建设征地区域的海拔为2300~3300m。研究区内的气候类型呈现出显著的多样性：在德格县、白玉县建设征地涉及乡（镇），主要是以大陆性季风高原型气候为主；在贡觉县、江达县建设征地

涉及乡（镇），则主要以高原温带半湿润气候为主；在芒康县、巴塘县建设征地涉及乡（镇），则主要呈现出亚热带气候特征。研究区域内的农作物种植具有一定的共性，青稞、小麦、马铃薯均能在各乡（镇）广泛种植。此外，贡觉县、江达县、芒康县、巴塘县建设征地涉及区域还适宜油菜籽的种植。从年平均温度来看，从上游的德格县建设征地涉及乡镇到下游芒康县、巴塘县建设征地涉及的乡（镇），年平均温度呈现逐渐升高的趋势，从－1.6℃逐渐升到10℃。多年平均年降雨量则相对稳定，在400～600mm之间，气候类型多样。在日照时数方面，研究区域内年日照时数普遍集中在2000～2600h之间，贡觉县、江达县、芒康县、巴塘县建设征地涉及地区的年日照时数相较于德格县、白玉县建设征地涉及地区更为充足。

2.1.2 生产资源

金沙江上游流域虽然土地资源面积总量大，但是耕地面积比重却显著偏低，且分布不均，主要是分布在河谷滩地、阶地及邻近坡地上，与河谷平坦区域的耕地相比，这些地区的耕地在产量和质量上均存在显著差距。受高原生态保护和地形条件的限制，可供开发的后备资源严重不足[1]。随着城镇化、工业化进程的加速以及交通、水电类项目的建设需求不断增长，建设用地供需矛盾日益尖锐。为深入探究这一问题，此次研究选取部分县、乡（镇）及主要行政村的耕地资源情况作为研究样本，以期为该区域的土地资源管理和可持续利用提供科学依据。

在建4座水电站涉及四川、西藏两省（自治区）5县15个乡（镇）。15个乡（镇）原有耕地总面积32041亩，其中四川8343亩，西藏23698亩；在建4座水电站共征收15个乡（镇）耕地总面积6429.66亩，占总面积的13.86%，其中四川征收2731.31亩，占总面积的13.11%，西藏征收3698.35亩，占总面积的14.60%；耕地征收后，四川人均耕地面积为1.56亩，西藏人均耕地面积为1.13亩；水电站建设征地在西藏部分耕地稀少，建设征地对其耕地资源影响较大。

通过对表2.2的数据进行计算可以得出，建设征地涉及区域征收前人均耕地面积是1.53亩，而征收后人均耕地面积显著减少至1.14亩。与2022年全国人均耕地1.39亩的基准相比，被征收后的人均耕地面积已低于全国平均水平。此外，建设征地涉及区域内的耕地分布存在显著的不均匀性，主要分布在河谷河滩地、阶地及邻近坡地上。值得注意的是，由于梯级水电站的建设，部分质量较好的耕地面临被淹没的风险，将对区域内的农业生产及土地资源利用产生深远影响。

表 2.2　　　　研究区域各县、乡（镇）耕地资源情况表

省（自治区）	县	乡（镇）	农业人口/人	耕地总数/亩	被征收耕地/亩	征收耕地比例/%	剩余耕地量/亩	征收后人均耕地/(亩/人)	涉及水电站
四川	白玉	建设	579	1022	3.68	0.36	1018.32	1.76	叶巴滩
		金沙	1654	4421.6	1697.57	38.39	2724.03	1.65	
		盖玉	577	869.95	85.73	9.85	784.22	1.36	
		绒盖	130	391.3	31.94	8.16	359.36	2.76	
		小计	2940	6704.85	1818.92	14.19	4885.93	1.88	
	巴塘	拉哇	1211	2534	152.9	6.03	2381.1	1.97	拉哇、苏洼龙
		竹巴龙	1610	2052	284.15	13.85	1767.85	1.1	
		苏哇龙	2582	2934	475.34	16.2	2458.66	0.95	
		小计	5403	7520	912.39	12.03	6607.61	1.24	
	合计		8343	14224.85	2731.31	13.11	11493.54	1.56	
西藏	江达	波罗	2504	3719	101.28	2.72	3617.72	1.44	叶巴滩
		岩比	3337	5487	350.38	6.39	5136.62	1.54	
	贡觉	克日	987	1500	708.27	47.22	791.73	0.8	叶巴滩、拉哇
		敏都	2211	3032	155.36	5.12	2876.64	1.3	
		沙东	1972	2822	132.38	4.69	2689.62	1.36	
		小计	11011	16560	1447.67	13.23	15112.33	1.29	
	芒康	戈坡	2919	3650	176.48	4.84	3473.52	1.19	苏洼龙、拉哇
		朱巴龙	4493	5050	1234.05	24.44	3815.95	0.85	
		索多西	5275	4513	840.15	18.62	3672.85	0.7	
		小计	12687	13213	2250.68	15.97	10962.32	0.91	
	合计		23698	29773	3698.35	14.60	26074.65	1.13	
总计			32041	43997.85	6429.66	13.86	37568.19	1.35	

2.1.3 移民意愿

自 2010 年金沙江上游各梯级水电站陆续启动以来，对苏洼龙、巴塘、拉哇、叶巴滩、昌波、波罗等水电站的移民意愿进行了广泛而深入的调查。结果显示，大部分移民群众表现出强烈的故土情结，普遍倾向于不远离故土，因而不愿远迁进行农业安置。基于这一态度，移民群众普遍选择了逐年货币补偿和自行安置作为主要的安置途径（表 2.3）。

表 2.3　　　　金沙江上游各梯级水电站移民安置意愿成果汇总表　　　　单位：人

序号	生产安置方式	昌波水电站 四川	昌波水电站 西藏	苏洼龙水电站 四川	苏洼龙水电站 西藏	巴塘水电站 四川	巴塘水电站 西藏	拉哇水电站 四川	拉哇水电站 西藏	叶巴滩水电站 四川	叶巴滩水电站 西藏	波罗水电站 四川	波罗水电站 西藏	合计
														5164
1	农业安置													0
2	逐年货币补偿			1002	1126		126	29	232			422		2937
3	自行安置	33	128	75	40	74	160	313	163	46	618	495	82	2227

此外，由于高原生态保护的重要性和复杂地形条件的限制，金沙江上游川藏段水电工程建设区域内，可供开发耕（园）地的后备资源严重匮乏。其次，建设征地范围外剩余的耕（园）地普遍面临质量不高、产值较低且改造难度较大的问题。这导致当地居民拥有的耕地资源所产生的产值无法满足其提高生活水平和加快发展的需要。因此，人地矛盾在这一区域显得极其突出，仅靠农业安置难以满足移民群众生产生活需要，需要配套其他安置方式解决相关问题。

综上所述，金沙江上游川藏段水电工程建设区域内面临着自然条件较差、人均耕（园）地面积偏低、库周可开发土地资源稀缺、垫高造地条件受限等多重挑战，使得在区域内农业安置移民问题变得尤其严峻。若规划远迁进行农业安置，移民在迁徙过程中，面临生产生活环境的不适应、社会关系的重建等多重挑战，往往难以顺利安置。在自然环境的较差，地域内外的资源配置、政策支持和社会网络有限的状况下，移民的经济和社会整合面临诸多困难；加之移民对故土的深厚情感，他们普遍不愿远迁进行农业安置，这使得整个涉藏地区人地矛盾突出，农业安置难度大[2]。因此，解决移民问题亟须综合考虑环境适应与社会支持的多重因素，寻求可行的对策和解决方案，以改善居民的生活条件，减小移民安置难度，提高移民安置成功率。

2.2 移民收入结构独特，林牧资源依赖度高

金沙江上游区域地跨西藏和四川两省（自治区），主要统属于康巴涉藏地区。该地区地势险要，垂直气候特征显著，野生物产资源丰富。当地居民的生产方式主要包括种植、养殖、牧业和采集四大类别，这些生产方式均对地域资源展现出强烈的依赖性。在农作物种植方面，主要种植青稞、土豆、玉米等；而经济作物主要包括核桃、花椒、梨子、苹果等。在养殖方面，主要以猪、羊为主。在牧业方面，则侧重于高山牦牛。此外，采集活动主要涉及虫草和松茸等珍稀资源。当地居民生产成果主要用于满足自身生活和生产需求。当地居民主要依赖在较低海拔的房屋周边的种植和养殖方式。现金收入大多来源于采挖虫草、松茸等野生资源和放养牦牛，这些活动高度依赖高山林场和牧场的资源。显然，这些资源是建设征地涉及区域居民的重要收入。可见，当地居民的生产方式与地理环境之间存在着紧密的依赖关系，通常遵循着"半年山上、半年山下"的生产模式。在劳动力分布上，主要是年轻人在山上生产，老人和妇女在山下生产。

2.2.1 区域内居民收入构成

通过对建设征地涉及区域内居民的收入进行初步调查，整理并分析了该区域内居民的主要收入来源以及各收入来源的比重。

1. 西藏江达县

根据2019年江达县社会经济数据，2019年江达县农村居民人均可支配收入为14122元，其中工资性收入2310元，经营净收入10182元，财产性收入230元，转移性收入1400元。2019年江达县农村居民人均可支配收入的构成情况见表2.4。

表2.4　　2019年江达县农村居民人均可支配收入的构成情况表

序号	项　　目	金额/元	占比/%
一	工资性收入	2310	16.36
二	经营净收入	10182	72.10
（一）	第一产业收入	9562	67.71

续表

序号	项 目	金额/元	占比/%
1	农业收入	2066	14.63
2	林业收入	526	3.72
3	牧业收入	6970	49.36
（二）	第二产业收入	420	2.97
（三）	第三产业收入	200	1.42
三	财产性收入	230	1.63
四	转移性收入	1400	9.91
（一）	公益性收入	650	4.60
（二）	各类补贴	750	5.31
	合 计	14122	100.00

通过实地调查和资料分析可以得到，当地农村居民的家庭收入结构以经营净收入为主，占可支配收入的72.10%。进一步分析可知，牧业收入在经营净收入中占据显著地位，占可支配收入的49.36%，主要为饲养牛、羊等；经营净收入中，农业收入占可支配收入的14.63%，主要来源于青稞、小麦（春小麦、冬小麦）、马铃薯以及玉米种植和销售，即种植业收入。工资性收入占可支配收入的16.36%，财产性收入占可支配收入的1.63%，转移性收入占可支配收入的9.91%。

2. 西藏贡觉县

根据2019年贡觉县社会经济数据，2019年贡觉县农村居民人均可支配收入为14450元，其中工资性收入2310元，经营净收入10127元，财产性收入230元，转移性收入1783元。2019年贡觉县农村居民人均可支配收入的构成情况具体见表2.5。

表2.5   2019年贡觉县农村居民人均可支配收入的构成情况表

序号	项 目	金额/元	占比/%
一	工资性收入	2310	15.99
二	经营净收入	10127	70.08
（一）	第一产业收入	9707	67.18

续表

序号	项　目	金额/元	占比/%
1	农业收入	2016	13.95
2	林业收入	686	4.75
3	牧业收入	7005	48.48
（二）	第二产业收入	240	1.66
（三）	第三产业收入	180	1.25
三	财产性收入	230	1.59
四	转移性收入	1783	12.34
（一）	公益性收入	320	2.21
（二）	各类补贴	1463	10.12
	合　计	14450	100.00

通过实地调查和以上的资料分析，当地农村居民的家庭收入以经营净收入为主，占可支配收入的70.08%，工资性收入占可支配收入的15.99%，财产性收入占可支配收入的1.59%，转移性收入占可支配收入的12.34%。在经营性收入中，农业收入占可支配收入的13.95%，通过收集的统计资料分析发现，贡觉县农业收入主要来源于青稞、小麦（春小麦、冬小麦）、马铃薯以及玉米种植和销售，即种植业收入；牧业收入为农村居民主要收入来源，占可支配收入的48.48%，主要通过饲养牛、羊等牲畜获取收入。

3. 四川白玉县

根据2019年白玉县社会经济数据，2019年白玉县农村居民人均可支配收入为14135元，其中工资性收入2022元，经营净收入10190元，财产性收入280元，转移性收入1643元。2019年白玉县农村居民人均可支配收入的构成情况具体见表2.6。

表2.6　　　　　　2019年白玉县农村居民人均可支配收入表

序号	项　目	金额/元	占比/%
一	工资性收入	2022	14.30
二	经营净收入	10190	72.09
（一）	第一产业收入	9840	69.61

续表

序号	项　　目	金额/元	占比/%
1	农业收入	1900	13.44
2	林业收入	460	3.25
3	牧业收入	7480	52.92
（二）	第二产业收入	200	1.41
（三）	第三产业收入	150	1.06
三	财产性收入	280	1.98
四	转移性收入	1643	11.62
（一）	公益性收入	380	2.69
（二）	各类补贴	1263	8.94
	合　计	14135	100.00

通过实地调查和以上的资料分析，当地农村居民的家庭收入以经营净收入为主，占可支配收入的72.09%，工资性收入占可支配收入的14.30%，财产性收入占可支配收入的1.98%，转移性收入占可支配收入的11.62%。在经营性收入中，农业收入占可支配收入的13.44%，通过收集的统计资料分析发现，贡觉县农业收入主要来源于青稞、小麦（春小麦、冬小麦）、马铃薯以及玉米种植和销售，即种植业收入；牧业收入为农村居民主要收入来源，占可支配收入的52.92%，主要通过饲养牛、羊等牲畜获取收入。

4. 四川巴塘县

根据2019年巴塘县社会经济数据，2019年巴塘县农村居民人均可支配收入为14581元，其中工资性收入3255元，经营净收入9366元，财产性收入260元，转移性收入1700元。2019年巴塘县农村居民人均可支配收入的构成情况具体见表2.7。

表2.7　　　　　　　2019年巴塘县农村居民人均可支配收入表

序号	项　　目	金额/元	占比/%
一	工资性收入	3255	22.32
二	经营净收入	9366	64.23
（一）	第一产业收入	9020	61.86

续表

序号	项　目	金额/元	占比/％
1	农业收入	2320	15.91
2	林业收入	220	1.51
3	牧业收入	6480	44.44
(二)	第二产业收入	186	1.28
(三)	第三产业收入	160	1.10
三	财产性收入	260	1.78
四	转移性收入	1700	11.66
(一)	公益性收入	420	2.88
(二)	各类补贴	1280	8.78
	合　计	14581	100.00

通过实地调查和上述资料分析，当地农村居民的家庭收入以经营净收入为主，占可支配收入的64.23％；其次为工资性收入，占可支配收入的22.32％；财产性收入占可支配收入的1.78％；转移性收入占可支配收入的11.66％。

2.2.2　区域内居民收入特点

从西藏、四川两省（自治区）4县统计数据中可以看出，牧业收入在居民收入中占据显著地位，占到了居民收入的44％～55％，其次是工资和转移性收入，大约占10％～20％，农业收入（主要是种植业收入）与工资收入相当，约占居民收入的15％。这一现象揭示了金沙江上游地区居民收入结构的独特性。

（1）农业生产主要服务于口粮和基本生活需求。从巴塘、白玉、江达、贡觉等4县的统计资料中分析得出，农业种植业收入占比约为15.00％，这一比例低于总收入的20％，表明农业并非当地居民的主要收入来源，其主要功能在于保障居民的口粮和基本生活需求。

（2）牧业收入采集是当地居民现金收入的主要来源。从巴塘、白玉、江达、贡觉等4县的国民经济和社会发展统计资料中分析得出，牧业收入占比高达50％左右，经现场调查可知，当地居民主要通过放牧来获取主要的经济收入。

（3）水电站建设征地范围外野生资源少。首先是放牧依赖大面积的草场资源，其次当地群众部分季节靠采挖虫草、松茸等野生资源（图2.1和图2.2），可增加部分收入。

图2.1　虫草

图2.2　松茸

2.3　地形地质条件复杂，居民点选址较困难

金沙江上游川藏段水电工程建设征地涉及区域主要为西藏昌都市和四川甘孜州。该区域独特的地形地貌特征，为集镇及集中居民点的选址带来了显著挑战[3]，具体难点可从以下三个方面进行分析：

（1）地形地貌复杂，相对平缓区域较少（图2.3）。该区域地势高耸，整体呈现北高南低、中部突起、东南缘深切的态势，且山川平行相间、现代冰川发育，地域差异性大。在远离干流的区域，地貌形态主要表现为高原及丘状高原特征；在干流流经的区域，地貌形态则为高山峡谷；在两者之间的过渡区域则展现为山原地貌。地表整体轮廓为典型高原，地势高陡，由丘状高原面和分割的山顶面共同构成。居民点可选址高程介于2500～3500m之间。山体呈现南高北低走势，河谷地势则呈现西北高、东南低的态势，山川主要沿西北至东南方向延伸。高原和山地峡谷地貌约各占一半，平坦区域土地资源有限且位于沿江两岸区域。电站水库蓄水后，平坦区域基本位于水库淹没区域范围内，剩余区域则地势较为陡峭。若采取库区垫高造地方式，受库区水位频繁消落的影响，不可避免地会面临基础沉陷、建筑变形开裂的风险。

这一系列因素导致安置点可选择地块少，环境容量不足，移民的搬迁意愿与可行的自然地理条件之间存在矛盾，这加大了移民安置点选址及方案规划的总体难度。

图 2.3　金沙江上游川藏段地形地貌航拍图（一）

（2）地质灾害隐患多，适宜性场地较少。在水电工程移民安置点的选址过程中，地质条件被视为至关重要的考量因素之一，其对于选址方案的论证具有决定性的影响。该区域地形陡峻（图 2.4），不良地质现象发育较强，地质灾害频发，例如巴塘县有地质灾害隐患点 171 处，白玉县有地质灾害隐患点 178 处，这些隐患点均需要进行地灾评估和治理。由于安置点选址场地地形条件恶劣、坡度陡，导致安置点场地投入成本高，难以通过较小的经济代价获得安全舒适的生活环境。在选址时需要从技术角度多方面、全方位论证

图 2.4　金沙江上游川藏段地形地貌航拍图（二）

安置点是否具备安置移民的条件,因此,从安全性和宜居性来看,区域内可用于选择且合适的安置点难度较大。

(3)移民工程选址困难,建设费用高。区域内河谷、半山或山顶区域均难以找到适宜的安置选址场地(图2.5)。尽管河谷地带在区域交通、电力、通信、就医就学等方面拥有相对较好的条件,但其场地可能受到泥石流、危岩崩塌、滑坡等地质灾害威胁,场地安全难以得到保障,且所需的工程投资较大。在半山或山顶区域,虽然地质条件相对较好,但基础设施建设条件薄弱,需要构建较长且规模庞大的对外连接道路、外部电力和通信等基础设施,这无疑将增加投资成本。

图2.5 金沙江上游川藏段地形地貌航拍图(三)

2.4 宗教信仰氛围浓厚,社会网络构成复杂

区域内宗教信仰气氛浓厚,注重宗教仪式仪轨,风俗习惯独特,社会网络构成复杂,团体界限明显[4]。

(1)宗教信仰气氛浓厚。该区域作为藏传佛教五大派系保存最为完整且相互包容共存的代表性地区,宗教信仰普及程度极高,区域内几乎全民信奉藏传佛教。藏传佛教深深植根于民众的日常生产生活中,成为生老病死、婚丧嫁娶等人生重要时刻不可或缺的组成部分。因此,在移民安置点选址时,需充分考虑移民群众宗教信仰,以便移民群众搬迁后从事宗教活动,这增加了移民安置点选址的敏感性和复杂性。

(2)注重宗教仪式仪轨。寺院、白塔、转经房、嘛呢堆等宗教设施建设均涉及隆重的宗教仪式仪轨，且不同宗教设施建设仪式仪轨略有不同。以寺院为例，其搬迁过程涉及慎重选址、法事举行等多个环节。白塔、转经房、嘛呢堆等宗教设施的建设同样需遵循特定的宗教仪轨，包括选址、奠基、念经、物品放置等，以确保其宗教意义得到充分体现。

(3) 风俗习惯独特。该区域是我国三大涉藏地区之一的康巴涉藏地区，拥有典型的康巴文化和独特的风俗习惯。区域内藏族人口超过 80%，宗教氛围浓厚，且注重礼仪，有较多的禁忌，具有独特的节日、服饰、文学、艺术、饮食、婚姻、丧葬、娱乐等风俗习惯，这些元素与其他涉藏地区文化存在显著差异。

(4) 社会网络构成复杂。在涉藏地区，社会网络的构成非常复杂，由宗族关系、收入水平、资源划分以及文化习俗等多种因素交织而成。涉藏地区以村组为单位，以浓厚的宗族关系为纽带，不同区域内藏族与汉族之间、藏族与藏族之间、村组与村组之间的社会网络关系复杂。并且涉藏地区移民群众的收入构成大多来源于放牧收入，同时各村组之间对可用于放牧的草原、林下范围都有各自的划分，由于边界不清晰，经常因为放牧区域、林下资源采集等发生纠纷，甚至出现恶性事件，相关因素直接影响搬迁后移民群众社会关系网络的重建。因此，在安置点选址时，需充分考虑如何与安置区周边社会环境统筹衔接，确保移民与安置区居民在宗族关系、宗教信仰、资源权属等方面和谐共处，以实现平稳搬迁和社会关系的顺利重建。收入水平的差异深刻影响着居民的生活方式和经济实力，导致不同村组和家庭之间形成明显的社会地位分化。这种经济上的不平等加剧了不同群体之间的竞争与紧张，特别是在面临自我维持和发展的压力时，可能导致社区内部的冲突，影响移民在搬迁后的适应过程。资源的划分同样在社会关系中发挥着重要作用，水源、草场和耕地的使用权不均，使得不同的宗族和村组在资源获取上面临竞争与冲突。这种有限资源的局面不仅影响了居民的日常生活，也可能导致社会关系的紧张，从而在移民搬迁过程中引发潜在的矛盾。因此，建立合理和公平的资源管理机制，确保各方权益得到尊重，对于促进和谐共处至关重要。此外，当地深厚的文化习俗和宗教信仰在塑造居民价值观与社会交往中也起着关键作用。这些文化特性在搬迁过程中可能导致移民与安置区居民之间的摩擦，因此，促进跨文化交流和理解显得尤为重要，通过增进双方的沟通与协作，有助于打消顾虑，实现融合发展。

2.5 实物指标特征明显，建（构）筑物特色鲜明

金沙江上游川藏段地处我国西南部地区，位于青藏高原东部与川西高原交界地带，其独特的地理环境和民族文化造就了该区域宗教特色鲜明的实物指标。与汉族地区的实物指标相比较，这些实物指标在房屋结构、装饰装修以及宗教设施等均具有明显的地域特征[5]。

（1）建筑特色明显，房屋结构特殊。藏族居民多居住于高寒山区，结合其独特的自然地理环境，同时吸收融合了各民族的建筑艺术优势和建筑特点，逐渐发展出了独特的藏式建筑风格。藏式房屋在结构上呈现墙体厚实、层高较低、门窗尺寸不大的特点。此外，由于藏式房屋的基础深度小，墙体下部的功能较为丰富，建筑基础与墙体结构几乎是浑然一体，形成了一种"下大上小"自然收分的建筑特色[6]（图2.6和图2.7）。

图2.6 藏式土木结构　　　　图2.7 藏式木结构

藏式房屋建筑形式多样，变化丰富，内涵深厚。《后汉书》记载，在汉元鼎六年（公元前111年）以前，藏式房屋最具特色的碉房就存在了。从空间布局上划分，有依山建筑、平川建筑等；从建筑类型上划分，包括一层平房、多层楼房等；从屋面形式上划分，有平顶房屋、坡面房屋等；从平面形式上划分，有矩形、圆形和不规则多边形等多种形式。由于涉藏地区各地民俗的差异和自然环境的影响，不同区域形成了各具特色的建筑形式和风格，如拉萨有石墙围成的碉房，林芝有圆木做墙的木屋，昌都有实木筑起的土楼，那曲有生土夯垒的平房等。在结构上，藏式房屋多采用石木结构，同时也有土木和木结构。藏式房屋外墙厚实，风格古朴粗犷并呈现出向上收缩的特点，特别是依山而建者，内坡仍保持垂直。藏式房屋多为两层以上的建筑，其中，

底层常用于牲畜的圈舍，二层作为人的居住和储藏空间等，三层则作为经堂，供佛像、点酥油灯等。值得注意的是，藏式房屋的墙壁厚度尤为显著，最厚处甚至可达1m，且大多数墙壁呈现上薄下厚的梯形结构，这使得整个房屋冬暖夏凉。因此，藏式房屋在房屋结构和建筑风格上均有别于其他房屋，这要求在对藏式房屋进行调查和补偿测算时，提出更具针对性和专业性的措施和建议。

（2）装修风格独特，选材别具一格。藏式房屋装饰主要包括彩绘、珠宝镶嵌、铁尖钉封边及雕刻、兽皮镶嵌等技艺。装饰元素镶嵌在深色的箱柜表面，展现出质朴大方且狂野奔放的美学特质。在藏族居民的住宅中，客厅、卧室、门庭和大门两侧广泛采用各类花卉图案进行装饰。一般而言，室内墙面四周绘三色条纹花饰，下方涂乳黄或浅绿色颜料，柱头梁面画有装饰图案。住宅大院的门廊两壁常绘有驭虎图，象征预防瘟疫、招来吉祥；或者画财神牵象图，画中有行脚僧牵来大象载满珍宝，象征招财进宝之意。在色彩选择上，藏式房屋装修倾向于采用大量的金黄色和深红色，以彰显其独特的艺术魅力[7]（图2.8）。

图2.8 经堂内部装修

藏式家具的摆设与装饰通常涵盖卧室、客厅、经堂和厨房等多个生活空间，几乎所有的藏式家具都覆盖彩绘，部分家具还呈现肌理变化。藏式家具的材质多为雪松或普通松木，而对于需要雕刻的家具则选用稀有的高原硬木。藏桌的高度约为60cm，形状为面宽80cm的正方形，三面镶板。一面有两扇门，桌腿形似狗腿。不论藏柜或是藏桌，其表面都绘有各种花纹、禽兽、仙鹤、寿星、八祥图，四周则饰以回纹、竹节等图案，色泽鲜艳动人。综上所述，藏式房屋及其家具的装饰装修在类别、含义、色彩、材质具有显著特征，因此，在相关的调查研究和补偿补助工作中，需要特别注重其针对性和专业性。

（3）宗教文化浓郁，设施多样。藏族宗教文化历史悠久，内涵丰富且范围广大，特别是在公元7世纪佛教传入藏族地区之后，以佛教为主要特色的藏族宗教文化得到蓬勃发展，形成浓厚的宗教氛围[8]。各乡各村的宗教信仰可能不尽相同，即使在同一教派内部，其所供奉的寺庙、信仰的活佛也可能有所差异。涉藏地区藏传佛教与民众的日常生产和生活紧密相关。从出生起名，到长大成婚，以及死后念经，做法事，均与藏传佛教相关联。无论是日常活动还是盛大节日，藏族文化均深深植根于藏传佛教之中。宗教活动已成为当地民众日常生活的一个重要部分，且受到法律的保护。

在浓郁的宗教文化氛围下，藏族地区修建了多种宗教设施以满足各种宗教信仰的需要。一是以乡为单位普遍设有专属供奉的寺院，寺院设施一般包括主殿、偏殿、白塔（群）、朝拜广场、转经廊、扎康房等，以满足僧侣修行和举行重大活动需要；二是每个村子均建有数量不等的白塔、转经房、水转经、嘛呢堆、煨桑点、嘛呢杆、经幡挂放点、小佛塔等设施，以满足村民平常聚集参加宗教活动需要；三是当地村民家中普遍设有经堂、嘛呢堆、经幡杆、煨桑、查查孔等设施，以满足村民个人信教活动需要。

2.6　基础设施较为薄弱，公共服务不够完善

金沙江上游因地处山区，地理条件复杂，在2015年以前地区经济发展基础较差，加之建设成本较高等多重因素制约，山区基础设施建设和公共服务设施配置水平落后于其他区域，非常薄弱。

（1）交通设施等级低、交通网络覆盖不足。在交通设施方面，区域内交通状况显著滞后于其他区域，主要表现为交通设施等级低下且覆盖面有限。该区域少量过境等级公路贯穿库区，主要以机耕路、人行路、溜索为主。区域水电建设征地涉及水库总长度约600km，其中四川段从巴塘县拉哇乡至白玉县的金沙约220km长范围尚未实现道路通达。从白玉县金沙乡至上游石渠县洛须镇，巴塘县拉哇乡至中心绒乡，巴塘县的拉哇乡至竹巴龙乡约20km的G318线，为三级公路，混凝土路面；竹巴龙乡至苏哇龙乡40.21km的XV07，为四级公路，沥青混凝土路面（图2.9）；其余约300km的范围内还分布有少量的土质机耕路以及一些到居民点的人行便道。在库区

右岸，贡觉县的敏都乡至克日乡有约20km的机耕路，江达县的波罗乡以及汪布顶乡各有约10km的机耕路，称多县真达乡至石渠县洛须镇有约60km的机耕路，芒康县朱巴龙乡政府至达嘎顶村的机耕路、索多西乡政府至角比西村角比西组的机耕路，均为土质路面。其余地区都尚未通路，大部分居民靠溜索过江，通过人行便道进入居民点，库区大部分乡村仍然靠人背马驮解决出行及物资运输。

图2.9 竹茨公路（XV07）

（2）电源以小水电为主，孤网供电。在电力设施方面，2015年以前该区域全部为孤网供电。四川省侧区域靠近县城的部分乡镇或引用35kV变电站供电，或通过昌波小水电站进行供电，全部为孤网供电，供电保障率较低，区域总体用电覆盖率约为80%。在西藏侧区域，如安麦西村、角比西村的各个村组，主要依靠安麦西、贡扎西、角比西小水电分别为其提供电力，同样为小水电孤网供电，供电保障率同样较低，部分村落甚至无电网供电，供电覆盖率仅为70%。

（3）通信存在盲区，覆盖率不足。2015年以前，库区的通信设施主要集中在距离县城较近的乡镇，如朱巴龙乡、索多西乡，四川部分仅少数沿江离乡镇较近的居民点布设通信光缆，有通信信号覆盖，库区中部一定区域仍存在通信盲区，区域整体通信覆盖率仅为70%。

（4）给排水设施不完善，环卫设施缺乏。在给排水、环境卫生等基础设施方面，区域内基本无相关配套设施。广大农村地区均无集中供水、污水和垃圾处理设施。由于区域内两岸地势险峻，生产生活用水保障严重不足，特别是居住于半山腰的居民，缺少生活用水，其日常需依靠挑运山泉河水，或是利用塑料管将河水、溪水牵引入户直接饮用，存在严重的饮用水安全问题。同时，居民区缺乏污水和垃圾处理设施，生产、生活污水随意排放，垃圾随意堆放在路边、沟渠，造成环境污染。即使是巴塘县竹巴龙集镇和芒康县朱巴龙集镇各机关单位，也直接从周边小溪引水并直接饮用，未配备净水厂和污水处理设施。

（5）公共设施薄弱，服务功能弱且覆盖半径小。在公共服务设施方面，区域建设及服务整体薄弱。绝大部分乡镇的卫生所和学校均远离居民区，仅在乡政府周边设有卫生所和小学，这导致居民就医就学极为不便。大部分学校为非完全制小学，部分学校学生需寄宿。此外，乡（镇）驻地普遍缺乏集贸市场，商品交易极为不便。区域内基层卫生院（所）条件相对简陋，基础医疗设施缺乏，群体卫生观念和健康意识相对薄弱。在文化活动和社会服务设施方面，仅在乡（镇）政府驻地有活动广场和一些简易便民服务中心；区域所在村镇其他公共服务设施不健全且简陋，例如无公共厕所，大部分村委会及其相应配套设施比较简陋等。

2.7 征地跨越行政界线，政策管理存在差异

2.7.1 管理机制不同

在金沙江上游川藏段的叶巴滩、拉哇、巴塘、苏洼龙水电站建设征地过程中，金沙江两岸的四川和西藏均有所涉及，其中四川省涉及甘孜州白玉县、巴塘县，西藏自治区涉及昌都市贡觉县、芒康县。四川省和西藏自治区的移民管理机制有所不同。

按照《大中型水利水电工程建设征地补偿和移民安置条例》（国务院令第471号颁布、国务院令第679号修订）的要求，大中型水利水电工程建设征地移民安置工作应遵循政府领导、分级负责、县为基础、项目法人参与的管理体制。县级以上地方人民政府需负责其行政区域内大中型水利水电工程移民安置工作的组织和领导；省、自治区、直辖市人民政府规定的移民管理机构，则负责其行政区域内大中型水利水电工程移民安置工作的管理和监督。

四川省省级移民管理部门设置在四川省水利厅，加挂"省水利水电工程移民工作办公室"牌子。四川省水利厅内设信访处（移民综合协调处）、移民安置处、移民后期扶持处等机构负责区域内的大中型水利水电工程移民管理工作；各州（市）以及县人民政府也同步在水利局下设置了相关移民管理机构，具有自上而下完整的各级移民管理部门负责大中型水利水电工程建设征地移民安置工作。

2023 年 11 月，西藏自治区水利厅设立西藏自治区大中型水利水电工程移民安置事务中心，2024 年 4 月设立"水政移民处"，共同负责审核大中型水利水电工程移民安置规划大纲、移民安置规划、移民后期扶持规划，以及为移民安置实施阶段的重大设计变更提供技术支持；负责开展水利水电工程移民后期扶持政策的实施情况跟踪研究评估具体工作；负责大中型水利水电工程移民大数据发展应用和政务数据资源管理相关工作；承担大中型水利水电工程移民培训的事务性工作；协助开展大中型水利水电工程截流、下闸蓄水等阶段移民安置专项验收和竣工验收工作；配合开展移民安置规划的实施和检查工作，协助处理移民安置工作中出现的重大问题。在西藏林芝市、米林市已相应成立了市级移民安置管理服务局，昌都市及所涉及的县在水利局均设有专门的移民管理科室。

2.7.2 移民工作经验不同

因四川省和西藏自治区的水电工程进度不一，四川省和西藏自治区移民工作经验有所不同。四川省已实施的大中型水利水电工程较多，移民管理机构拥有一批相对稳定的移民管理干部和人才，人才梯队建设较为完善，多数成员为专责人员，受过相关移民管理工作培训，具有较为丰富的移民管理经验。西藏自治区近几年才进入水电发展高峰期，已实施大中型水利水电工程少于四川省，移民工作经验相对略少于四川省，相关移民管理干部和人才储备有待进一步加强。

2.7.3 移民政策有差异

在移民政策体系方面，四川省和西藏自治区建设征地移民安置相关政策体系差异较大。四川省已制定了涵盖总体政策、前期管理办法、实施阶段管理办法等在内的移民工作的政策体系。西藏自治区于 2024 年 9 月出台了关于西藏自治区大中型水利水电工程建设征地移民安置设计变更管理规定、验收管理实施办法、档案管理办法，目前关于建设征地补偿和移民安置管理办法正在征求意见。

截至 2024 年 9 月底，四川省和西藏自治区主要移民政策体系对比见表 2.8。

表 2.8 四川省和西藏自治区主要移民政策体系对比表

序号	项目	四川政策	西藏政策
一	总政策	《四川省大中型水利水电工程移民工作条例》	暂无
二	前期管理办法		
	停建令	《关于印发四川省大中型水利水电工程建设征地范围内禁止新增建设项目和迁入人口通告管理办法的通知》（川办发〔2020〕11号）	暂无
	移民安置规划	《关于印发〈四川省大中型水利水电工程建设征地移民安置规划工作管理办法〉的通知》（川水行规〔2023〕3号）	暂无
三	实施阶段管理办法		
		关于印发《四川省大中型水利水电工程移民项目重大设计变更立项管理和调规调概工作流程》的通知（川水函〔2023〕756号）	《西藏自治区大中型水利水电工程建设征地移民安置设计变更管理规定》（藏水移〔2024〕19号）
		关于印发《四川省大中型水利水电工程移民安置验收管理实施办法》的通知（川水行规〔2023〕4号）	《西藏自治区大中型水利水电工程建设征地移民安置验收管理实施办法》（藏水移〔2024〕19号）
		四川省水利厅关于印发《四川省大中型水库农村移民后期扶持人口管理办法》的通知（川水行规〔2023〕4号）	暂无
		关于印发《四川省大中型水利水电工程移民资金管理办法》的通知（川扶贫移民发〔2014〕259号）	暂无

第3章

移民安置重点与难点

3.1 农村移民有土安置困难

金沙江上游属于典型的半农半牧区域，其收入结构并非主要依赖于耕（园）地的产出，因此，对于有土安置的需求相对较小，生产安置以逐年货币补偿为主，辅以少量有土安置。鉴于可调剂资源的有限性，需要通过土地开发整理、垫高造地的方式获取土地。然而，高山峡谷地带的特殊地形与对外交通条件的不足，使得土地整理的成本高昂；库内浅淹没区虽然可通过垫高造地筹措土地，但面积较小，且土地开发造地的成本同样高昂；同时，开发造地还存在熟化时间长、产出低、移民群众不愿意接收的问题，因此，在金沙江上游川藏段移民安置工作中，有土安置成为一个显著的难点[9]。

（1）区域山势陡峭，开发条件不足。根据金沙江上游区域特点，建设征地区域多为高山峡谷地区，山势陡峭，淹没涉及的耕（园）地绝大部分位于金沙江干流两岸平坦区域，且可防护的浅淹没区较少，不具备大规模垫高造地和防护的可行性。同时，受高原生态保护和地形条件的限制，可供开发后备资源严重不足。沿河边平坦区域淹没以上略微平坦区域，或是生态红线保护区，或是畜牧场，均不具备开垦耕（园）地的后备资源和条件。

（2）依赖区域资源，居民收入特殊。对金沙江上游地区居民的收入构成进行深入分析后发现，当地居民生产方式主要包括种植、养殖、牧业和采集四个方面，对区域资源的依赖性极强。种植的农作物主要包括青稞、土豆、玉米等，种植的经济作物主要包括核桃、花椒、梨子、苹果等；养殖方面主要养殖猪、羊等；牧业主要为高山牦牛；采集主要包括虫草、松茸。当地居民生产收获以满足自身生产生活消耗为主，主要依赖于在较低海拔的房屋周边的种植和养殖方式；现金收入大多来源于采挖虫草、松茸等野生资源和放养牦牛，主要依赖于高山林场和牧场的采集和牧业方式。其中占居民收入比重最大的是野生资源收入和牧业收入，占居民收入的40%～60%；其次是牧业收入，占比25%～45%；农业收入（主要是种植业收入）占比仅为10%～20%。由此可以看出，整个金沙江上游范围内居民收入结构具有特殊性，农业生产主要用于保障基本生活需求，而野生资源的采集则是其现金收入的主要来源。对水电站建设征地范围外野生资源依赖较大。

（3）耕地分布不均，人地矛盾突出。金沙江上游流域虽然土地资源面积总量大，但是耕地面积比重小且分布不均，主要集中分布在河谷滩地、阶地及邻近坡地上，其产量和质量远不如河谷平坦区域耕地。随着城镇化、工业化及交通、水电类项目建设进程加快，建设用地需求激增，供需矛盾日趋突出。此外，各类非农建设违法违规乱占耕地的现象屡禁不止，人均耕地面积低于全国平均水平。耕地质量差、产量低导致建设征地涉及区域内的粮食作物亩产多在200kg左右，亩产偏低直接造成耕地的亩产值不高，当地居民拥有的耕地资源实现的产值难以满足其提高生活水平、加快发展的需要，从而加剧了人地矛盾。若采取农业安置方式，将面临较大的困难。

3.2 集中安置选址限制多，搬迁安置方案拟订难

鉴于区域内民族宗教文化、宗教仪轨仪式、社会风俗习惯和社会网络关系等方面的特点，移民居民点选址和布局、移民搬迁等工作需进行全面考量。这一考量需涵盖安置点区位条件、自然环境、宗教民族文化、政策法规、水文与工程地质、内部及外部配套基础设施条件、公共服务设施、安全防护条件、景观与环境等多个维度，这些考量因素既与自然地理条件紧密相关，又深受特定经济社会因素的影响。在规划过程中，需统筹考虑移民群众与安置区域居民宗教信仰、社会风俗习惯、家族关系等社会关系，确保在保障选址安全性、经济性和可操作性的同时，既要方便移民群众搬迁后从事原宗教活动，又要避免因移民群众信仰问题可能引发的纠纷。由于区域内独特的地形地貌条件、宗教民族文化、社会经济条件以及社会风俗习惯，搬迁安置方式和去向的确定受到众多因素共同影响，因此，居民点选址与搬迁安置方案的

拟订工作成为该区域内移民安置工作的重点与难点,需要综合考虑多方面因素,以实现和谐、有序、可持续的移民安置[10]。

(1) 集中安置点选址极为重要。在移民安置规划中,集中安置点的选址占据着举足轻重的地位,它不仅是维护建设征地区和移民安置区社会稳定的重要因素,而且是保障移民合法权益、满足移民生存与发展需求的重要基础和关键环节,更是实现"搬得出、稳得住、能致富"移民目标的重要途径。区域内藏族居民深受地理环境和社会文化传统的双重影响,他们以村组为单位,以血缘为纽带形成了特别的"族群"关系。这种社会关系使得区域内移民群众倾向于集中安置,并以村组为单位进行组织。这导致安置点选址规模要求高,是在技术和非技术双重制约下各方相互博弈的结果,需要同时兼顾众多因素。

(2) 安置点选址限制性因素多。首先,该区域位于高山峡谷地区,地形地貌错综复杂,地质条件欠佳,两岸自然边坡陡峻,且局部地方高阶地和夷平面的发育,导致两岸阶地和漫滩呈现零星分布状态。这一地貌特征使得平坦区域土地资源有限,而淹没范围线外征地难度大,进而显著限制了集中安置点选址的可用地块数量。其次,区域内居民收入主要来源于农牧业和野生资源采集,他们的生产方式以传统的分散生产和家庭经营为主,规模化养殖经营占比低,加之乡镇与乡镇、村组与村组之间对于牧场和野生资源等均有明确的地域权属划分,潜在的权属冲突可能对社会稳定构成威胁。因此,在选址过程中,必须综合考虑移民群众搬迁后的长远发展,确保他们能够继续获取必要的生产生活资料,如草场、虫草、松茸等野生资源,这进一步限制了安置点选址的范围。另外,藏式房屋建筑风格也对安置点选址和布局提出了更高的要求。藏式建筑种类众多,包括涉藏地区民居、城镇、寺庙、陵墓等,每种建筑都承载着独特的文化内涵和建筑风格。其中,藏式房屋多为石木结构,面积整体偏大,遵循"一户一院"居住习惯,从房屋的选址、破土、奠基、筑墙分层、封顶、乔迁都有许多的礼俗和禁忌。这种独特的建筑风格要求安置点在选址方位、朝向、环境容量、布局上都要进行精心考虑,进一步增加了搬迁安置方案拟订的难度。综上所述,安置点选址和搬迁安置方案拟订在移民安置工作中占据着重要的地位,同时也是面临诸多挑战和困难的重点和难点工作之一。

(3) 搬迁安置方案拟订难。区域内移民倾向于以村组为单位进行集中安置,这一社会结构特点与地形地貌限制、特殊的生产方式、收入来源构成以及宗教信仰关系相互交织，共同构成了方案拟订的复杂背景。具体而言，地形地貌的复杂性限制了安置地的选择，导致可用的土地资源有限，使得移民搬迁安置更多地依赖于后靠就近的方式。此外，区域内居民长期依赖的传统生产方式和收入来源，都要求我们在拟订搬迁安置方案时，必须充分考虑如何维护移民群众的生产圈、生活圈和信仰圈，尽可能减少因搬迁而带来的冲击和破坏。鉴于这些复杂的因素和限制条件，无法简单地采取远迁方式进行安置，因为这可能引发一系列的社会、经济和文化问题。因此，搬迁安置方案的拟订变得异常困难。

3.3 移民高度关注特色实物指标调查和补偿

研究区内是以藏族为主体的民族聚居区，相较于汉族地区的实物指标，该区域展现出显著的建筑特色，具体表现为：房屋结构的特殊性；装修风格独特，选材别具一格；民众普遍信奉藏传佛教，宗教文化浓郁，其宗教信仰贯穿民众生老病死、婚丧嫁娶等全生命周期，宗教活动是当地民众日常生活的一个重要部分且十分活跃，宗教设施多样，宗教设施作为藏民宗教信仰以及藏文化重要的物质载体，具有深厚的宗教和文化意义。特色实物指标的调查和处理，对于保障移民的切身利益具有直接而重大的影响，是水利水电工程建设前期工作的重要内容，也是项目参与各方关注的焦点，受到移民高度关注[10]。

由于现有的实物指标调查和补偿费用测算经验在该区域适宜性不足，有必要针对该区域的特色实物指标，提出更有针对性和适应性的调查方法和补偿费用测算要求。因此，特色实物指标的调查与处理成为区域内移民安置的重点和难点，需要予以特别的重视和进行细致的规划。

(1) 移民关注特色房屋的调查与补偿。由于金沙江上游川藏段移民特有的生活习俗及宗教信仰，其居住房屋的结构设计与众不同，显著区别于其他地区。在调查过程中，需对房屋类别进行细致分类，并判断是否需要进行分层调查。以波罗和叶巴滩水电站为例，其建设征地涉及各乡村农村人口主要为藏族，其房屋结构除了传统的框架、砖混、砖木结构外，还包含了藏式石木、土木以及纯木结构等多种特色结构等。金沙江上游川藏段其余水电站的情况类似，需针对该区域特殊的房屋结构提出补偿补助项目及标准。

(2) 移民关注特色装修的调查与补偿。该区域移民的房屋装修具有显著的藏族特色，其中包括了藏式雕花彩绘、漆绘等。以波罗水电站为例，其在门窗装修、墙面装修、柱装修、柜装修、经堂装修等方面均针对藏式雕花彩绘、漆绘等单独提出了补偿补助项目及标准。同样，金沙江上游川藏段其他水电站在门窗装饰、地面装饰、墙面装饰上，也针对藏式风格单独提出了补偿补助项目及标准。传统的水电移民安置方式中仅按装修等级进行补偿，这显然不够公平，也无法真正体现藏式房屋装修的独特价值。因此，需要根据房屋结构种类、装修项目和工艺，实事求是、科学合理地确定补偿单价。

（3）移民关注宗教活动场所的调查和处理。在建设征地移民安置过程中，移民特别关注那些经批准设立的宗教活动场所和自然形成的宗教活动点。移民对于这些宗教活动场所和活动点具有难以割舍的情感，对于宗教活动场所倾向于各方按照藏传佛教的仪式仪轨、修建程序和建设标准进行迁（复）建，而非接受货币补偿，以避免宗教文化与世俗物质利益产生直接联系；对于宗教活动点，则需要按照法律法规、地方政府意见，在充分听取移民意见的基础上，结合移民搬迁方案妥善处理。由于宗教活动场所是各教派群众进行宗教活动的重要场所，其选址具有深厚的文化和宗教意义，受到当地各级政府和移民群众的重点关注；宗教活动点处理方案的拟订对移民精神情感影响较大。因此，厘清宗教活动场所和宗教活动点处理与移民搬迁方案之间的关系直接影响到库区内的宗教活动是否秩序井然，需要统筹规划安排。

（4）移民关注特色实物指标调查与处理。区域内洞科、查孔、嘛呢堆、经幡、挂幡、经幡塔、崖刻经文、转经筒、壁画、水转经以及各种丧葬地点等特色实物较为常见。鉴于这些特色实物在藏族文化中的独特地位，需为其设计相应的补偿补助项目及标准。此外，在这些特色实物处理过程中，涉及部分宗教设施的宗教仪式仪轨活动，这些活动对于宗教信仰者具有极高的精神价值，因此也应纳入补偿补助的考虑范围。同时，考虑到涉藏地区特殊风貌，为充分尊重民族习俗，在补偿中增加相应的建设风貌补助。

以涉藏地区白塔为例，这些白塔按形状可分不同种类，不同种类白塔分层放置金银财宝、药材、佛经、佛像、高僧的袈裟、舍利子等物品。由于这些物品难以通过金钱进行直接量化，且难以参照临近水电站补偿补助标准进行确定，因此其补偿价值的确定面临极大挑战。同时，宗教设施的选址、建设、完工均有隆重的仪式仪轨，仪式仪轨根据所请高僧或喇嘛人数，费用又有所不同，使得宗教设施及仪式仪轨补偿单价缺乏政策依据、测算难度大。因此，如何科学、合理地量化宗教设施和仪式仪轨的价格，制定各方认可的补偿补助标准，成为移民投资估算中亟待解决的问题。

3.4 规划需高度关注移民工程与地方发展的衔接

在苏洼龙、巴塘、拉哇、叶巴滩水电站的建设过程中，主要涉及县道XV07、G318、机耕路、人行便道等交通工程，涉及10kV、35kV输电线路和35kV变电站等电力工程，还涉及通信线路和基站。为了恢复这些基础设施的功能，大部分专业项目需要进行复建。具体而言，苏洼龙水电站影响范围内的南戈村、角比西村移民大部分选择了集中安置，因此需新建移民居民点，并结合居民点新建电力、通信、交通工程等。此外，苏洼龙水电站涉及西藏部分和四川部分的竹巴龙集镇，通过征求移民意愿，确定需采取防护措施，并据此新建竹巴龙防护工程。同时，随着国家发展规划和省、市（州）、县发展规划的提出，特别是《中共中央 国务院关于加快发展现代农业进一步增强农村发展活力的若干意见》《西部综合交通枢纽规划》及《2013—2030国家公路网规划》《中国最美景观大道——G318川藏世界旅游目的地（四川段）规划》等文件的出台，对金沙江上游水电移民安置工作提出新的要求。因此，移民工程处理需结合中央、行业政策要求，衔接地方发展规划成为金上移民工作的重点与难点[11]。

3.4.1 衔接国家与地方在交通工程方面的规划

在苏洼龙、巴塘、拉哇、叶巴滩等水电站项目中，受影响的交通工程主要集中在苏洼龙水电站区域，对于其他水电站，涉及的主要是三级公路、四级公路、人行便道。基于原有交通网络，按照"原规模、原标准、原功能"的原则对受损或需调整的交通工程进行复建。具体到苏洼龙水电站，四川部分涉及县道XV07、G318、库区机耕路、金沙江大桥，西藏部分涉及G318、库区机耕路、人行便桥，以满足移民居民点交通功能需求等。库区两岸分布有移民居民点、分散安置居民点和线外居民点，需按照"原规模、原标准、原功能"原则或按照规范标准进行复建、新建。若存在与地方发展需求相结合的可能性，则应充分考虑地方发展需求进行建设。

1. 县道XV07复建需衔接G215规划

苏洼龙水电站建设征地影响了县道XV07金沙江大桥至苏洼龙段40.21km，其中枢纽工程建设区7.4km，库区淹没32.81km。该路段路基宽

6.4m，路面宽 5.9m，沥青混凝土路面[12]。根据四川省《西部综合交通枢纽规划》和《2013—2030 国家公路网规划》，G215 苏洼龙水电站库区淹没复建公路（库区淹没县道 XV07 线公路复建）（以下简称"G215 苏洼龙段"）是新规划 G215 的重要组成部分。G215 苏洼龙水电站库区淹没复建公路工程位于四川省西南部甘孜州巴塘县境内，是连接四川、云南、西藏的重要通道，对巴塘县的交通网络及经济发展具有重要意义。同时，它也是川西地区通往东南亚的重要通道。由于县道 XV07 库区淹没复建路线走廊带与 G215 一致，为避免重复建设造成资源浪费，二者需统筹建设。

G215 苏洼龙段直接影响区域为巴塘县，间接影响区域则为西藏自治区、四川省甘孜州及更远地区。从地理、自然、经济和社会等方面综合视角审视，尽管项目影响区域内社会、经济总体发展水平不高，但巴塘县是中国西部自然特征最为明显、西部民俗文化最为独特、生态资源最为富集、生态系统保存最为完好、涉藏地区地理环境和战略地位最为突出的县份之一。这些优势使得巴塘县蕴藏着丰富的自然、旅游资源以及独特的民族文化，旅游文化产业已成为当地经济发展的战略性支柱产业和富民产业，对提升居民生活水平具有重要意义。因此项目不仅要满足旅游产业发展的需求，同时也是推动区域经济发展、促进区域间资源互补、改善沿线农牧民生活条件的必要举措。

然而，受地形地质及投资限制的影响，原路建设主要以贯通为主，导致现有道路等级低、线型差，较多路段路线平、纵技术指标仅能满足四级公路标准，现有路面标准低，大部分弯道视距不良；缺乏沿线防护、交通安全设施，部分路段为过水路面，排水系统严重堵塞废弃；受区域特殊地质影响，沿线滑坡、崩塌落石、泥石流、水毁等地质灾害频发，晴通雨阻、飞石伤人情况时有发生，严重威胁行车安全；道路行车条件差、服务水平低、行车舒适性差、燃油成本高、通行条件差。因此，对原道路进行升级改造显得尤为迫切。

县道 XV07 复建需与 G215 建设结合，特别是建设方式选择、设计方案确定、资金筹措、管理程序等成为苏洼龙水电站开发建设过程中移民重点和难点工作。

2. 库周交通复建需响应中央要求，衔接地方发展规划

在苏洼龙水电站建设过程中，土地征用涉及机耕道 18.21km、桥梁 1 座。其中，枢纽工程建设对 9.69km 的机耕道产生了直接影响，而库区淹没则影

响了 8.52km 的机耕道。库区淹没复建 4 条乡村道路，分别为：库区右岸通村公路，全长 47.98km，无隧道；达嘎顶与库区右岸通村公路连接道路，全长 0.4km，无桥梁、隧道；贡扎西与库区右岸通村公路连接道路，全长 0.2km，无桥梁、隧道；自龙达大桥连接道路，全长 0.3km。

西藏地区交通条件较差，库区主要对外出行方式依赖人行便桥和溜索，上下游村落间缺乏交通公路的连通。在进行公路复建时，需结合库区沿岸村组分布、居民点的选择和跨江大桥的规划布置，确保在维持居民原有交通条件的基础上，满足新农村建设的需要。跨江桥梁复建则需根据库区现有桥梁功能及复建桥梁功能，结合移民居民点分布和线外居民的交通需求，对库区淹没的跨江大桥进行复建，以形成高效、安全的交通网络，这成为规划设计中的核心任务。值得注意的是，苏洼龙水电站库区唯一的跨江大桥——金沙江大桥，距离苏洼龙水电站坝址 43km，对于西藏部分库区而言，其交通网络的构建尤为复杂，成为交通工程复建规划设计的难点。

2013 年中央一号文件《中共中央 国务院关于加快发展现代农业进一步增强农村发展活力的若干意见》明确提出：加强农村基础设施建设，推进西部地区、连片特困地区乡镇、建制村通沥青（水泥）路建设和东中部地区县乡公路改造、连通工程建设，加大农村公路桥梁、安保工程建设和渡口改造力度。西藏昌都市政府、芒康县政府正积极申报昌波、苏洼龙、巴塘、拉哇库区的沿江县级公路建设项目，旨在将芒康段、贡觉段的沿江居民点进行连接，从而显著改善金沙江沿江的交通条件，彻底解决溜索过江出行的问题。因此，对于苏洼龙、巴塘、拉哇水电站所涉及的机耕路以及西藏段交通工程的复建方案与标准，需紧密结合中央的相关政策，并与西藏的具体规划进行有机融合。

3. G318 复建需响应景观规划

在苏洼龙、巴塘、拉哇、叶巴滩等水电站的建设与规划中，涉及的三级公路主要为 G318，G318 四川境内段的复建工程起点为四川省甘孜州巴塘县竹巴龙乡水磨沟沟口下游约 0.2km（G318 K3285+660）处，该路段顺金沙江左岸，途经郎达曲嘎、三家村、竹巴龙乡，最终经金沙江大桥过江后止于大桥右岸桥头。G318 四川境内段的建筑采用三级公路技术标准，设计行车速度为 30km/h，路基宽 7.5m，路面宽 6.5m。按照"原规模、原标准、原功能"的原则进行复建。[13]

2014 年四川启动《中国最美景观大道——G318 川藏世界旅游目的

地（四川段）规划》编制工作，计划将G318甘孜州段打造成为"自然、原生态、多样化"的旅游项目。这一规划旨在通过G318旅游发展带动区域经济发展和产业转型，进而形成特色旅游经济带。为实现这一目标，G318被定位为展现国际旅游形象的景观大道，并致力于构建自然、自由、自助的旅游体验廊道。特别是竹巴龙段为"五带"之一的神秘康巴旅游带。

因此，在G318复建方案中需要与甘孜州G318旅游规划结合，考虑旅游景观等要素。特别是在道路的线性设计和附属设施建设方面，需要与金沙江段的高原宽度段景观相协调，确保道路沿线形成"点-线-面"相结合的景观结构。

3.4.2 居民点需响应美丽乡村建设要求

在苏洼龙、巴塘、拉哇、叶巴滩等水电站建设过程中，规划的移民居民点主要是南戈村、角比西村，而其他移民则采取自行分散安置的策略。然而，库区居民点基础设施薄弱，交通不便利。以西藏地区为例，库区仅在索多西、朱巴龙乡政府有六年制小学，村落至乡政府的交通方式主要依赖人行便道或溜索，且仅乡政府地区配备通信基站和有网络覆盖，如角比西村便完全缺乏网络通信设施。电力主要通过村小水电进行供电，如索多西、朱巴龙乡政府及各个村落均为此类小规模水力发电站，未接入大电网供电系统，电力保障程度相对较低。同时，各个村落普遍缺乏卫生所、功能完善的村委会、供水系统、污水处理系统、生活垃圾处理系统等基本公共服务设施。

在2012年10月发布的党的十八大报告中，明确提出要大力推进生态文明建设，努力建设美丽中国，实现中华民族永续发展；要推动城乡发展一体化，形成以工促农、以城带乡、工农互惠、城乡一体的新型工农、城乡关系。随后，在2013年1月党的十八届三中全会上，进一步强调了要建设美丽中国、形成人与自然和谐相处的新格局，要实现这个目标，首先要解决广大农村的基础设施薄弱和环境脆弱的问题。2013年中央一号文件《中共中央 国务院关于加快发展现代农业进一步增强农村发展活力的若干意见》具体提出：加强农村基础设施建设，"十二五"期间基本解决农村饮水安全问题，农村电网要注重改善农村居民用电和农业生产经营供电设施，推进西部地区、连片特困地区乡镇、建制村通沥青（水泥）路建设和东中部地区县乡公路改造、连通工程建设，加大农村公路桥梁、安保工程建设和渡口改造力度。2014年3月出台的《国家新型城镇化规划（2014—2020年）》明确提出要建设各具特色的美丽乡村。为贯彻上述中央政策，西藏自治区、四川省及其下辖各市分别出台了美丽乡村建设的指导意见，对美丽乡村建设及农村基础设施的改善提出了详细的实施要求。

基于上述政策背景，对于移民居民点的规划，应全面考虑供水系统、污水处理系统、生活垃圾处理系统、卫生所、村委会等公共设施，配套相应的交通、电力、通信工程，并需与复建的交通、电力、通信工程相结合。此外，还需结合国家和有关地方政府出台的相关美丽乡村政策，进行统筹规划，以实现农村基础设施的全面升级和居民生活质量的显著提升。

3.4.3 集镇迁建需衔接旅游规划

苏洼龙、巴塘、拉哇、叶巴滩等水电站项目涉及四川的竹巴龙集镇和西藏的朱巴龙集镇（图3.1），其中，四川竹巴龙集镇的建成区被全面涵盖，而西藏朱巴龙集镇则部分受到影响。

图 3.1 G318 建设与朱巴龙集镇全貌

在西藏朱巴龙集镇中，受影响的区域主要由重庆援建，具体包括朱巴龙乡政府办公大楼、朱巴龙村委会、朱巴龙林业检查站和动物防疫站管理房屋，附近还分布有中国农业银行、农村信用社、朱巴龙法院等。由于地理位置紧邻G318，芒康县已规划将朱巴龙打造成为G318上的旅游小镇，旨在将朱巴龙下游检查站至上游朱巴龙乡政府进行连片规划，实现统一的建设和管理。朱巴龙集镇规划布置常规金融机构、医疗卫生、政府公共服务机构等，具备农村贸易市场功能，可以兼顾旅游住宿、餐饮、特产销售等功能。鉴于金沙江峡谷地带的特殊地理环境，集镇的迁建选址面临极大的挑战。因此，集镇的处理需与集镇内部各个机构的现状功能分布及地方政府后期规划相结合。

四川竹巴龙集镇的区域主要为建成区，分布有竹巴龙乡人民政府、竹巴龙小学、竹巴龙派出所、卫生院、兽检站和竹巴龙道班等九家行政事业单位和16户居民。四川竹巴龙集镇紧邻G318，部分居民已在G318旅游热潮中获得收益。依据2014年启动的《中国最美景观大道——G318川藏世界旅游目的地（四川段）规划》，该区域被定位为神秘康巴旅游地带，规划打造一定数量的康巴特色旅游小镇。四川省甘孜州政府提出了基于交通网络建设的全域旅游和特色旅游城镇发展战略，而巴塘县政府则具体规划将竹巴龙乡打造成为"五彩藏乡"，其中竹巴龙主题被确定为"金沙古渡"，以"亲水"为主题，以"长江第一漂"精神和红军精神为核心内涵，以金沙江第一镇和四川、云南、西藏三省（自治区）接合部的区位优势，重点发展旅游接待业、休闲娱乐业以及以修车服务、商贸物流为主的服务业。具体规划内容包括高端水上运动基地、竹巴龙生态休闲旅游新村、长江第一漂文化展示区，并设置特色水果、工艺品等旅游商品展示中心，配套商贸物流和汽车修理等服务。此外，还规划设置游客服务站、停车场、旅游厕所、交通指示牌等。因此，在竹巴龙集镇的处理规划中，处理方案的设计、规划细节的完善、建设方式的选择以及资金筹措等方面，均构成了移民工作的关键挑战与核心议题。

3.4.4 通信工程须落实国家"共建共享"政策

苏洼龙、巴塘、拉哇、叶巴滩水电站中所涉及的通信光缆和基站设施，主要为中国移动、中国联通、中国电信的光缆和基站。这些通信设施主要以巴塘、芒康、白玉等县城为出发点，向部分乡镇和村落延伸，光缆芯数介于12~48芯之间。西藏侧还涉及农业银行、党校、县检查站等专线，大部分光缆多为各个权属单位单独建设、独立运行。

自2005年起，国家提出电信管道、电信杆路、通信铁塔等电信设施的共用。在2010—2013年间，工业和信息化部（以下简称"工信部"）和国务院国有资产监督管理委员会（以下简称"国资委"）联合印发了《关于推进电信基础设施共建共享的实施意见》，明确提出新建杆路、铁塔需共享。为进一步落实网络强国战略、深化国企改革、促进电信基础设施资源共享，国务院于2014年推动成立的国有大型通信基础设施服务企业——中国铁塔股份有限公司，是中国移动通信有限公司、中国联合网络通信有限公司、中国电信股份有限公司和中国国新控股有限责任公司出资设立的大型国有通信铁塔基础设施服务企业。

因此，在制定电信线路与基站复建方案时，必须严格遵循国家政策指导，并积极与四川及西藏地区的中国移动、中国联通、中国电信以及中国铁塔等相关企业进行沟通协调。通过深入分析，以确保库区内实现共建共享的通信光缆与基站资源。

3.4.5 电力工程须衔接地方电力发展规划

在苏洼龙、巴塘、拉哇、叶巴滩等水电站项目中，涉及部分 10kV、35kV 输电线路和竹巴龙 35kV 变电站。针对居民点的电力供应问题，规划提出需新建 10kV 输电线路以满足其用电需求。

涉及的 10kV、35kV 输电线路按照"原规模、原标准、原功能"的原则进行复建，以确保电力供应的稳定性和连续性。新建的角比西安贡公居民点需新建 10kV 输电线路，以满足该区域的供电需求。值得注意的是，从索多西乡政府至上游的贡扎西、角比西、洛日西、洛益西均为小水电供电，孤网供电，芒康县规划建设 2 条电网，解决贡扎西、角比西、洛日西、洛益西大网供电问题，因此，在角比西安贡公居民点新建 10kV 输电线路方案中，如何与地方规划相结合，确保电力供应的协调性和高效性，成为规划设计工作的重点和难点。

3.5 安置补偿政策不一，解读宣传需要重视

金沙江上游的叶巴滩、拉哇、巴塘、苏洼龙等四座水电站建设征地范围均涉及西藏自治区和四川省。其中，叶巴滩水电站涉及西藏自治区昌都市贡觉县罗麦乡、克日乡和江达县波罗乡，四川省甘孜州白玉县盖玉乡；拉哇水电站涉及西藏自治区昌都市芒康县朱巴龙乡、戈波乡和贡觉县罗麦乡、木协乡、雄松乡、敏都乡、沙东乡，四川省甘孜州巴塘县拉哇乡、甲英乡和白玉县山岩乡；巴塘水电站涉及西藏自治区昌都市芒康县朱巴龙乡，四川省甘孜州巴塘县拉哇乡、竹巴龙乡、夏邛镇；苏洼龙水电站涉及西藏自治区昌都市芒康县朱巴龙乡、索多西乡，四川省甘孜州巴塘竹巴龙乡、苏哇龙乡。

西藏自治区和四川省在水电工程建设征地移民安置政策方面存在一定差

异，特别是在耕地统一年产值补偿标准测算、房屋及附属建筑物等个人补偿补助标准测算以及耕地占用税等相关税费的测算方面存在一定差异，这种差异给同一电站库区两省（自治区）间补偿标准的协调确定工作带来挑战，也是移民安置规划设计、实施工作中的难点。尤其是涉及移民切身利益的补偿补助资金标准问题，如果不能妥善处理，极有可能引起移民个人或者群体上访事件，进而影响到当地的社会和谐稳定。因此，如何协调统一因政策原因引发的标准差异，对金沙江上游水电移民安置工作提出严峻挑战。

3.5.1 土地补偿标准有差异

2014年，四川省颁布实施《四川省国土资源厅关于公布执行征地统一年产值标准的函》（川国土资发〔2014〕1170号），同时甘孜州人民政府也发布了《甘孜州人民政府关于公布征地统一年产值标准的通知》（甘府函〔2014〕182号）确立了其区域性的政策依据。鉴于其已明确土地补偿标准，根据水电移民有关政策规定，金沙江上游川藏段水电工程建设征地涉及的四川省甘孜州各县乡（镇）土地补偿补助均按照已经发布实施的标准执行。

然而，当时西藏自治区以及昌都市均未针对土地补偿补助标准发布具体实施政策，在各水电站项目缺乏直接参照依据的情况下，规划研究采用了一种基于乡（镇）近几年统计报表播种面积和粮食作物产量的统计与分析方法，测算出每个乡（镇）的耕地综合年产值。

经测算对比，叶巴滩、拉哇、巴塘和苏洼龙等水电站四川部分的统一年产值与西藏部分存在较大差异。根据相关法规与政策，西藏、四川两省（自治区）水电工程征收和征用耕（园）地、林地、天然牧草地、其他农用地、未利用地等土地补偿费的标准均与耕地统一年产值标准密切相关。因此，耕地统一年产值标准的差异对于该区域各水电工程移民安置工作开展带来一定制约因素，且可能给当地社会的和谐稳定带来不利影响。鉴于此，研究建议妥善协调解决两省（自治区）间的耕地统一年产值标准不一致的问题，并加强对各层面人员的宣传解释工作，以减少可能产生的负面影响。

3.5.2 房屋及附属建筑物等个人补偿补助标准有差异

在移民安置规划阶段，对于各水电工程所涉及的房屋类型，首要步骤是通过对实际情况的深入分析，确定所涉及房屋的主要结构类型；其次通过重置成本法，详细测算每一种结构类型的房屋补偿单价。具体做法为：现场调查不同结构房屋各类基础数据,还原其建造工程量,并采用工程量清单计价定额进行重置价格测算,费用构成主要包括直接费、间接费、利润和税金。根据工程计价及项目取费执行各地相关价格管理的规定,西藏自治区和四川省在工程计价及取费等方面均存在差异,最终导致同类结构房屋在同一或邻近地区、同一水电工程项目内产生一定的补偿价格差距。此外,在测算搬迁、附属设施、零星树木等补偿补助标准的过程中,同样也存在因西藏、四川两省(自治区)相关政策规定差异造成同一水电工程库区补偿补助标准差异比较大的情形。而此种差异会对各项目移民安置工作开展产生不利因素,并且可能影响到当地社会的和谐稳定,因此,亟须采取有效措施,妥善协调并解决同一水电工程库区内两省(自治区)间房屋补偿标准不一致的问题,并时刻做好移民群众的宣传解释工作。

3.5.3 耕地占用税等有关税费标准有差异

在金沙江上游水电工程建设征地移民安置工作过程中,涉及的有关税费主要包括耕地占用税、耕地开垦费、森林植被恢复费以及草原植被恢复费等。耕地占用税、耕地开垦费、森林植被恢复费和草原植被恢复费等税费不仅是调节资源利用、保护生态环境的重要手段,也是地方财政收入的重要组成部分。因此,各项税费的精准测算具有极其重要的意义。

西藏自治区为规范移民安置中的税费测算,出台了一系列详细且具有操作性的法规和政策文件,包括《西藏自治区人民政府关于印发西藏自治区耕地占用税实施办法的通知》《西藏自治区实施〈中华人民共和国土地管理法〉办法》《西藏自治区森林植被恢复费征收使用管理办法实施细则》以及《西藏自治区财政厅、发展和改革委员会关于同意收取草原植被恢复费及有关问题的通知》等,为项目建设征占用耕地缴纳相关税费提供了明确的标准和要求,是水电移民安置规划各项税费计列的直接依据。

同样,四川省以及各水电项目直接涉及的甘孜州也发布了一系列类似的法规和政策文件,包括《四川省〈中华人民共和国土地管理法〉实施办法》《四川省人民政府办公厅转发省国土资源厅〈关于调整征地补偿安置标准等有关问题的意见〉的通知》《四川省财政厅、林业厅关于转发〈财政部、国家林业局关于调整森林植被恢复费征收标准引导节约集约利用林地的通知〉的通知》《关于草原植被恢复费收费标准及有关事项的批复》以及《甘孜藏族自治州人民政府关于全州各县耕地占用税适用税额执行标准的批复》等,为项目建设征占用耕地缴纳相关税费提供了明确的标准和要求，是水电移民安置规划各项税费计列的直接依据。因此，这些文件为四川省及甘孜州在移民安置工作中的税费测算提供了明确的指导和依据。然而西藏、四川两省（自治区）及其下属州（市）发布的有关税费取费标准存在一定差异，为确保政策的顺利实施，金沙江上游川藏段水电移民安置工作应加强对各级移民干部的政策解释，提高其对各项税费政策的认知和理解度。

3.6 社会维稳事关大局，工作开展承压明显

金沙江上游水电开发区域为涉藏地区，区域社会稳定工作要求高，社会稳定与否影响较大，因此需重点关注以下五个方面。

3.6.1 金沙江上游水电基地涉及面广，移民工作风险点多

为深入贯彻国家能源战略，实施西部大开发的战略方针，落实"西电东送"的战略部署，金沙江上游水电基地的开发与建设作为国家重大项目，旨在构建金沙江上游清洁能源基地。该项目主要涉及四川、云南、西藏、青海四省（自治区），地域覆盖广泛，涉及多个专业领域和行业范畴，国家及各省、市政府部门高度重视，并得到了社会各界的广泛关注。同时，水电移民工作具有专业性强、社会性复杂、程序多、多专业和多行业相互配合、全体移民和各级政府参与等特点，因此涉及社会面人员较多，各方利益诉求比较集中。此外，电站征地移民安置工作周期长，移民群体在面临各种矛盾和攀比时，易产生上访等行为，风险点较多，短期内容易产生遗留问题，积累社会矛盾，进而可能对社会稳定构成威胁。

3.6.2 涉藏地区的社会稳定和谐事关大局，各方重点关注

涉藏地区是中华民族特色文化保护地，更是我国国家安全的前沿阵地。其和谐稳定不仅关乎我国社会的整体和谐，更与我国的国家安全及国际形象紧密相连。金沙江上游贯穿我国传统藏族聚居区，各藏传佛教分支均有所涉及，各不同分支教派的风俗习惯和文化均有不同。这种多样性导致当地民众对国家政策的理解不同。在当前互联网高速发展的时代背景下，大部分居民还在使用卫星接收器接收电视节目，无法进行管控，加之当地百姓的受教育程度普遍不高，这些因素叠加在一起，可能对当地社会的稳定构成潜在威胁，

进而对我国民族团结的巩固与发展产生一定影响。

3.6.3 宗教文化存在差异，社会融合难

苏洼龙、巴塘、拉哇和叶巴滩等水电站涉及的区域内居民几乎全民信奉藏传佛教，藏传佛教又分多个流派。藏族非常注重礼仪，拥有众多的社会禁忌。由于历史原因，不同教派之间存在显著的文化差异，导致部分流派间的协调工作颇具挑战性。此外，藏族社区以村组为单位，形成了紧密的宗族关系网络，不同区域内藏族与汉族之间、藏族与藏族之间、村组与村组之间的风俗习惯存在较大差异，涉藏地区居民多为小团体聚居，团体间地域概念明显，难于跨村组安置，基本在本村就近安置，现场工作难以进行跨村组运输、作业。苏洼龙、巴塘、拉哇和叶巴滩等水电站库区涉及多个区域，在移民安置规划设计和实施过程中，上述社会文化差异成为不可回避的问题。如何做好政策宣传解释、政府如何引导成为维护社会稳定的焦点。因此在实物指标调查、移民意愿调查等现场工作中，需提前梳理关键问题，就关键人物和核心问题重点沟通协调，保持良好的沟通渠道。同时需重点关注饮食文化、礼仪、各种禁忌等，通过这些措施，有效地推动移民安置工作的顺利进行，维护社会的和谐稳定。

3.6.4 语言（方言）等差异性大，沟通解释难度大

苏洼龙、巴塘、拉哇、叶巴滩等水电站涉及两省（自治区）两市（州）六县，其地理位置分布广泛，上、下游距离较远，导致当地居民饮食文化、礼仪、各种禁忌等存在差异。此外，由于语言（包括方言）的多样性，加之大部分干部多从其他县调任，在一定程度上增加了沟通协调的复杂性。在政策宣传解释等方面主要依靠藏语翻译人员的文化水平和对政策的理解水平。然而，这种依赖可能引发因政策宣传解释不足而带来的社会稳定风险问题，需要引起高度重视和妥善处理。

3.6.5 两省（自治区）政策存在差异，移民诉求多

苏洼龙、巴塘、拉哇和叶巴滩等水电站涉及西藏昌都市、四川甘孜州。其中，四川甘孜州作为自治州，依据国家及省级政策制度，拥有制定相应地方政策制度的自主权。然而，这种政策制定的自主性导致金沙江上游两岸对

应的两省（自治区）、市（州）政策差异较大，主要体现在土地补偿费和税费两个方面，难以突破政策实现"同库同策"的原则；同时，金沙江上游两岸各自已实施项目的补偿标准也存在差异，导致移民相互攀比较为严重，给移民工作提出了更高的要求，稍微处理不当易发生群体性事件，因此对移民工作的要求更加严格和细致。

3.7 移民利益诉求多元多样，专业素养及应对能力要求高

3.7.1 移民政策专业性强、移民干部政策把握程度不一致，移民工作开展难度大

水电移民工作是一项涵盖多专业、多层级且具显著社会性的复杂工作。在国家与省级层面，针对移民问题已制定了众多政策，并形成了一套完整的移民规范，旨在规范移民工作的规划设计、实施管理工作。水电移民工作程序性极强，需移民群众、村组干部、乡镇干部，县级、市级、省级各个部门，以及项目法人、设计、监理、评估、施工单位等参与，涉及人员较广、专业较多、政策较多、程序较多。特别值得注意的是，金沙江上游苏洼龙、巴塘、拉哇和叶巴滩等水电站涉及的县，此前从未涉及大中型水电工程建设，当地移民干部普遍缺乏移民工作经验，对移民政策了解不足。为确保移民工作的顺利进行，必须对这些干部进行深入的移民政策与业务培训，以提升其专业素养和应对能力。

3.7.2 区域环境特殊、民俗特色浓厚，移民意愿征求难度大

金沙江上游水电移民安置面临显著的人地矛盾，农业安置难度大。由于库区地形地质条件恶劣，居民点的选址变得尤为困难，移民必须告别世代居住的故乡。此外，该区域宗教氛围浓厚、社会宗教网络关系复杂，移民安置不仅面临生产、生活方式的改变，还可能造成原有社会关系、人际关系割裂，给移民带来了显著的心理压力，从而引发多元化的诉求。

该区域复杂的民风民俗给征求移民意愿带来了很大的挑战。作为汉藏两种文化融合的日常生活区，居民既庆祝藏历春节，也庆祝汉族中秋节；既使用汉语，又使用藏语。库区自然环境山高水深，出门不是登山就是下山、下水。这些特点和人文精神传统形成了该地区独特的文化景观。此外，在日常

重大事项的决策中，诸如移民安置去向、安置方式、居民点选择、搬迁时间、入住时间等，均需要通过宗教仪式确定。这进一步体现了该区域深厚的宗教文化底蕴。

在政策宣传过程中，由于部分移民对汉语的理解能力有限，需要通过藏语翻译才能理解政策内容。当涉及专业性比较强的词语时，翻译过程中容易出现错误，导致移民产生紧张、茫然或不满的情绪，稍不注意可能造成冲突。另外，部分移民具有强烈的学习能力和信息搜集能力，在笔记本上记的不但有地方、业主、设计人员说过的话，还有网上各省零碎的移民政策，这些都不断挑战着所在电站移民政策的合理性和方案优化的可能性。移民对政策理解不到位导致诉求多，给移民意愿征求工作带来了很大的困难。

3.7.3 移民收入单一，后续发展期望高

由于移民群众对移民政策缺乏深入理解，再加上金沙江上游沿岸自然条件比较恶劣、基础设施薄弱、土地资源稀缺、生产生活单一且收入渠道单一，建设征地往往涉及区域内肥沃土地的占用，从而剥夺了移民的生产用地。特别是条件较好的居民区，移民对未来生产、生活充满担忧和顾虑。例如在生产安置方面，由于大部分水浇地被淹没，很难在原海拔附近进行农业安置，在海拔较高区域，自然条件差，生产投入高，粮食产量低，加上库区交通条件不便导致粮食物价上涨，进一步加剧了移民的忧虑。在搬迁安置方面，原居民点基本在低海拔区域，有山泉水，居民点较平坦，但建设征地外地势陡峭，平地稀缺，且由于民风民俗差异大，各村组移民群众不愿意跨村组安置，使得新居民点的选址变得异常困难。这些因素共同导致了移民对新居住地条件的抵触情绪，进而在移民安置方案中提出了更多的诉求。

3.7.4 移民对补偿补助标准诉求多，易产生攀比心理

移民群众对建设征地抱有较高期望，尤其是在补偿补助标准方面，为了未来稳定的生活保障，移民群众提出不符合政策的利益诉求，特别是在金沙江上游两岸政策存在一定的差异的情况下，导致金沙江上游两岸移民群众相互攀比，相互提出更高的利益诉求。同时由于宗教风俗、民风民俗等要求，在部分实物的补偿补助方面需考虑宗教仪式仪轨费用，而这些补偿补助没有统一的程序和明确的单价，导致与宗教、民风民俗有关的补偿费用诉求较多，差异化较大。

3.7.5 参工参建诉求强烈，期望参与工程建设提升收入

移民群众具有浓厚的故土情结，在移民群众的眼中，土地被征收使他们处于弱势方，电站工程建设征用了土地，除了在政策范围内的补偿补助外，还应优先为他们提供就业的机会，期望通过参与工程建设中的辅助性工作提升自己的收入。但多数移民群众并不掌握过硬的专业技能，需要政府和业主统筹对移民群众进行系统化的技能培训，尽可能地满足移民群众参工参建的意愿。

3.8 移民扶贫重叠交织，衔接工作影响重大

在金沙江上游4座水电站的实施过程中，涉及区域内各县地方政府普遍面临着水电移民安置实施与扶贫工作同时进行的现状。由于两者在时间和空间上的重叠，其实施进度往往同步进行，不可避免地产生交织、相互影响，甚至相互制约的现象。若未能有效协调水电移民安置和地方扶贫工作之间的关系，规划项目不统筹、规划标准不衔接、发展资金不融合、实施组织不统一，可能导致群众相互攀比，移民安置实施项目和扶贫项目重复投资，两者工程建设相互影响工程进度等现实困境。因此，在金沙江上游水电工程移民安置工作的实际执行中，如何妥善衔接移民安置与扶贫工作，不仅构成了工作的重难点，也凸显了其独特性。

3.8.1 移民安置与扶贫工作在行政区域范围上重叠度高

在金沙江上游四座水电站的建设征地过程中，涉及区域包括四川、西藏两省（自治区），其中主要涉及四川省巴塘县、白玉县、德格县，西藏自治区芒康县、贡觉县、江达县等。在实际工作情况中，这些区域内的县级地方政府普遍面临着水电移民安置工作与扶贫工作并行推进的复杂局面。为了深入理解和分析这一交织情况，本书主要对四川、西藏两省（自治区）的移民安置与扶贫工作的相互关联和影响分别进行研究。

1. 四川省

建设征地主要涉及四川省巴塘县竹巴龙乡、苏哇龙乡、拉哇乡、甲英乡，白玉县盖玉镇、绒盖乡、建设镇、金沙乡，德格县汪布顶乡、龚垭乡和卡松

渡乡等。其中四川省白玉、德格 2 县是省级脱贫攻坚重点县。

从表 3.1 可以看出，四川省各梯级水电站所涉及的 3 县 15 个乡（镇）中，有 2 县 11 个乡（镇）同时也是四川省重点扶贫工作区域，移民安置及扶贫工作交织区域重叠比例高达 73.3% 以上。

表 3.1 研究区域内移民安置及扶贫工作交织情况分析表（四川省）

序号	项目	省	县	乡（镇）	建设征地移民安置涉及区域	重点扶贫工作区域	重叠区域	备注
1	苏洼龙水电站	四川	巴塘	竹巴龙	√			
		四川	巴塘	苏哇龙	√			
2	叶巴滩水电站	四川	白玉	盖玉	√	√	√	
		四川	白玉	绒盖	√	√	√	
		四川	白玉	建设	√	√	√	
		四川	白玉	金沙	√	√	√	
3	拉哇水电站	四川	巴塘	拉哇	√			
		四川	巴塘	甲英	√			
		四川	白玉	盖玉	√	√	√	
4	波罗水电站	四川	白玉	河坡	√	√	√	
		四川	白玉	建设	√	√	√	
		四川	德格	白垭	√	√	√	
5	岗托水电站	四川	德格	汪布顶	√	√	√	
		四川	德格	龚垭	√	√	√	
		四川	德格	卡松渡	√		√	

2. 西藏自治区

金沙江上游各梯级电站建设征地主要涉及西藏自治区芒康县朱巴龙乡、索多西乡、戈波乡，贡觉县敏都乡、沙东乡、雄松乡、木协乡、罗麦乡、克日乡，江达县波罗乡、岩比乡、岗托乡和汪布顶乡。

在 2018 年年末，为全面贯彻落实党的十九大会议精神和习近平总书记关于扶贫开发重大战略思想，西藏自治区人民政府出台了《西藏自治区人民政府转发自治区脱贫攻坚指挥部三岩片区跨市整体易地扶贫搬迁实施方案的通知》（藏政发〔2018〕18号）等相关文件。这些文件旨在规划并推动在"十三五"期间（2020年以前）完成"三岩"片区群众整体易地扶贫搬迁工作，以切实助力"三岩"片区的民众早日摆脱贫困的桎梏，进而共享国家改革与发展的丰硕成果。

从表3.2可以看出，各梯级电站所涉及的3县14个乡（镇）中，有2县10个乡（镇）同时也是西藏自治区"三岩"片区群众整体易地扶贫搬迁区域，移民安置及扶贫工作交织区域重叠比例高达71.4%以上。

表3.2 研究区域内移民安置及扶贫工作交织情况分析表（西藏）

序号	项目	自治区	县	乡	建设征地移民安置涉及区域	"三岩"片区整体易地扶贫搬迁区域	重叠区域	备注
1	苏洼龙水电站	西藏	芒康	朱巴龙	√	√	√	
		西藏	芒康	索多西	√	√	√	
2	叶巴滩水电站	西藏	贡觉	克日	√	√	√	
		西藏	贡觉	罗麦	√	√	√	
3	拉哇水电站	西藏	芒康	朱巴龙	√	√	√	
		西藏	芒康	戈波	√	√	√	
		西藏	贡觉	敏都	√	√	√	
		西藏	贡觉	沙东	√	√	√	
		西藏	贡觉	雄松	√	√	√	
		西藏	贡觉	木协	√	√	√	
4	波罗水电站	西藏	江达	波罗				
		西藏	江达	岩比				
5	岗托水电站	西藏	江达	岗托				
		西藏	江达	汪布顶				

3.8.2 水电行业政策与扶贫工作政策差异大

以下以叶巴滩水电站移民安置规划与昌都市"三岩"片区易地扶贫搬迁工作为例，深入探讨两者在政策体系、涵盖范围与对象、规划目标设定与安置标准、具体安置方案、资金筹措机制以及实施管理策略等方面的差异性，旨在通过比较分析，为两项工作的有效协调与融合提供学术性参考。

（1）从政策和管理体系层面考虑，扶贫和移民虽然隶属于不同的体系，但两者的终极目标殊途同归，即实现受影响群体的脱贫致富，提升生活质量。然而，由于体系差异，两者的政策要求、工作深度、执行层级和执行结果均有差异，同时也有交叉之处，如扶贫对象有退出机制，而移民没有；移民有后期扶持政策，而扶贫是产业扶持等。

（2）从对象及身份角度考虑，部分"三岩"片区群众既是建卡贫困对象，又是水电站建设移民，他们具有"双重身份"。这导致了政策执行的复杂性，即如何确定适用扶贫政策还是移民政策；是否享受双重政策优惠，或仅享受其中之一；如何应对可能出现的群众间攀比心理，确保政策实施的顺利推进，并评估可能存在的困难和风险。

（3）从安置方案和验收角度考虑，两套体系均设有严格的要求，不得随意变更。水电移民安置方案审定的是后靠分散安置，易地扶贫搬迁方案审批确定的是易地搬迁，两者方案间存在冲突，需要精心协调。

（4）从实施组织角度出发，移民安置工作在下闸蓄水前完成即可，因此叶巴滩水电站移民仅需在2024年以前完成搬迁。然而，扶贫工作要求2020年年底前必须完成安置，时间进度上两者存在差异，需妥善安排以确保政策的同步推进。

（5）从资金筹措和使用看，水电移民属于能源行业资金，扶贫属于国家资金，虽然来源有所差异，但本质上均属于国有资金。因此，如何合法合规、统筹使用，避免国有资金的重复投入和浪费，是亟待深入研究的重要问题。

3.8.3 工作衔接难度大

从上述对叶巴滩水电站移民安置与"三岩"片区整体易地扶贫搬迁工作的现状分析可见，移民安置工作可依据其开展时序细分为前期管理、实施管理、后期扶持及监督管理等阶段，不同阶段对应不同的移民安置政策。根据政策内容划分，移民安置政策可划分为补偿类、安置类、管理类。经过长时间的演进与发展，水利水电移民安置政策体系从无到有，不断更新和完善，以满足水利水电行业发展需要。

从政策体系上而言，叶巴滩水电站移民安置与整体易地扶贫搬迁是两个不同行业且相对独立的政策体系。其中，水电移民安置是长期性的行业内部需求体系，而整体易地扶贫搬迁是基于脱贫致富的目标在特定时期内建立的阶段性的政策体系。两种政策体系隶属于完全不同的行业，差异较大。但两者在政策体系的构建与完善过程中均取得了显著成效，有效地指导了相关工作的顺利开展，为相关领域的政策制定与实施提供了有力支撑。

从时间段和事实角度看，叶巴滩水电站移民安置与"三岩"片区整体易地扶贫搬迁工作均在同一时期、同一区域同步开展，这不可避免地导致了两者在推进过程中产生交叉和相互影响，甚至相互制约的现实情况。结合相关项目实践经验分析，移民安置与扶贫工作的有效衔接是金沙江上游水电工程移民安置工作的重难点，也是亮点所在。以叶巴滩水电站建设为例，昌都市原资源开发局和项目业主华电金沙江上游水电开发有限公司通力协作，共同委托主体设计单位中国电建集团成都勘测设计研究院有限公司（以下简称"成都院"）编制了《叶巴滩水电站移民安置与昌都市"三岩"片区整体易地扶贫搬迁研究报告》。该研究报告从政策体系、管理程序、身份认定、安置标准、安置方案、实施进度、资金整合、实施管理、验收处理等多角度对两套体系能否整合进行了较为充分的研究，为各方统一思想、后续移民实施工作奠定了坚实的基础。

3.9 移民安置进度控制难

（1）重大单项工程任务比较重，是移民安置实施进度控制的关键点。重大单项工程由于其显著的复杂性、庞大的体量和漫长的实施周期，通常成为移民安置实施进度控制的关键点。以苏洼龙水电站为例，该水电站的库区狭长，所影响的道路几乎全在工程截流水位线以下。工程截流后，G215成为四川部分库区唯一的对外通行道路，而西索路成为西藏部分库区唯一的对外通行道路。因此，G215和西索路工程不仅是苏洼龙水电站工程截流和蓄水的关键环节，更是整个项目中的重点和难点。为顺利实现截流验收，G215和西索路建设采取了项目业主代建的方式，以确保工程进度可控、质量有保障，最终顺利实现了截流验收和交工验收。2018年11月发生白格堰塞湖灾害后，G318及金沙江大桥成为川藏交通的咽喉，其线路保通整个灾后重建工作的重中之重。受白格堰塞湖泄洪影响，G318线受损严重，通行条件较差。为此，原计划的"三级公路标准"被提升为"二级公路标准"，以满足灾后重建的紧迫需求。各单位商议后，采取"资金拼盘"的形式进行建设，在建设等级提高的同时，有效地避免重复投资、顺利实现了G318临时保通，按计划完成了项目建设，未制约电站下闸蓄水。类似的，南戈村搬迁、角比西大桥、西索路等重大单项工程的实施进度，直接对移民安置实施的整体进度产生制约，成为移民安置实施进度控制的重点和难点。

（2）地方政府水电移民管理力量不足，影响移民安置实施进度。金沙江上游水电站均属于界河电站，涉及多个省（自治区），各省（自治区）的制度体系、移民安置政策和补偿标准存在着显著的差异。特别值得注意的是，西藏的水电移民政策不健全，加之地方政府水电移民管理力量不足，对移民安置的实施进度构成了显著影响。例如，西藏自治区暂未明确相关的移民管理部门，仅在各级水利部门明确了水利工程移民安置管理职责，暂未设置专门的大中型水电移民管理机构，水电工程移民管理参照水利工程，由各级水利部门相应负责。移民安置工作的实施主要依据《大中型水利水电工程建设征地补偿和移民安置条例》等国家相关法律法规、政策规定以及自治区层面的相关法律法规开展各项目移民安置工作，如《关于印发〈西藏自治区有关水库迁移人口补偿政策研讨会会议纪要〉的通知》（藏水移办〔2012〕4号）、《西藏自治区人民政府关于同意各地（市）征收农用地区片综合地价标准的批复》（藏政函〔2021〕9号）等移民补偿补助等方面的政策，然而，西藏自治区尚未出台具体的移民安置政策，各地级、县级地方政府水电移民政策更加不健全，水电移民经验不足，这成为影响移民安置实施进度的关键难点。

（3）水电移民搬迁与易地扶贫搬迁交叉，影响移民安置进度控制。金沙江上游几个在建项目移民安置实施期属于全国脱贫攻坚时期，建设征地涉及区域又属于贫困地区，由于移民与扶贫工作分属两个不同行业，政策体系、范围及对象、安置标准、安置方案、项目类型、资金筹措使用、后续扶持及验收等事宜均存在差异，因此，如何有效衔接移民安置与扶贫工作，成为控制移民安置进度的难点。由于体系不同，其政策要求、工作深度、执行层级和执行结果均有差异，但两者之间也存在交叉点，如扶贫对象有退出机制，移民没有；移民有后期扶持政策，而扶贫是产业扶持等。从安置方案和验收角度考虑，两套体系均有严格的要求，不得随意变更；从资金筹措和使用考虑，水电移民属于能源行业资金，扶贫属于国家资金，虽然来源有所差异，但本质上都是国有资金。在此情境下，如何融合两大体系，既统筹兼顾又满足各自需求，确保工作的合法合规性，成为研究的重点[14]。

第4章

移民安置实践

针对上述移民安置的重点和难点,通过对典型项目的调研,系统梳理金沙江上游川藏段水电工程移民安置工作,进一步总结移民安置实践情况,从而提出重难点问题的解决措施。

4.1 精心筹谋前期工作

4.1.1 高位协调,建立高层级的协调机制

为促进金沙江上游水电开发,协调西藏、四川、云南、青海四省(自治区)水电开发利益,国家能源局牵头建立了金沙江上游水电开发协调机制,成立了流域协调机构,设立了金沙江上游水电开发协调领导小组、金沙江上游水电开发协调领导小组办公室;通过高位协调,破除了金沙江上游移民工作关于实物指标调查和移民安置方式等瓶颈问题,有效推动了移民安置规划工作。

(1)成立流域协调机构。2006年4月,华电金沙江上游水电开发有限公司(以下简称"华电金上公司")注册成立,该公司是中国华电集团有限公司(以下简称"华电集团")的控股子公司,主要负责金沙江上游川藏段水电和风光电的开发建设与运营管理;成立后负责启动了金沙江上游水电规划以及叶巴滩、苏洼龙等前期开发项目的前期工作。随后几年,由于涉及区域自然环境和社会经济环境特殊,移民安置制度尚不健全,移民安置政策也不完善,整个流域的移民安置规划工作推进困难;因此,水电水利规划设计总

院（以下简称"水电总院"）作为全国水电移民技术管理单位，牵头开展了金沙江上游流域的移民安置方式等研究工作以及前期移民安置规划工作的协调工作，有效推进了相关工作。为了促进金沙江上游水电开发，2012年10月31日，国家能源局印发了《国家能源局关于建立金沙江上游水电开发协调机制有关事项的函》（国能新函〔2012〕64号），明确成立金沙江上游水电开发协调领导小组（以下简称"金上协调领导小组"）、金沙江上游水电开发协调领导小组办公室（以下简称"金上协调办"），标志着金沙江上游水电开发协调机制的正式成立；金上协调领导小组由时任国家能源局副局长担任组长，西藏、四川、云南、青海四省（自治区）分管副省长（副主席）和国家能源局新能源司负责人担任副组长，国家能源局新能源司、四省（自治区）有关部门、四地（州）政府以及水电总院、华电集团和有关设计单位领导作为成员；金上协调办由国家能源局新能司副司长任办公室主任，水电总院副院长任办公室常务副主任，办公室作为常设机构设在水电总院。

（2）明确了协调机构的职责。2013年，金上协调办印发了《金沙江上游水电开发协调领导小组办公室工作机制及组织机构》，明确了金上协调领导小组和金上协调办的主要职责。金上协调领导小组主要职责包括：指导、协调金沙江上游水电开发前期工作，推动流域水电又快又好开发；研究、协调流域开发的相关政策和措施；协调流域开发的移民政策，指导、督促移民前期及实施工作；加强相关省（自治区）及有关单位开发建设工作的沟通和协商；协调解决梯级电站工程建设和移民工作中的重大事项和问题。金上协调办的主要职责为承担协调领导小组的日常工作，指导和协调金沙江上游水电开发具体工作，包括：建立通报协商机制，加强相关省（自治区）及单位的沟通；组织研究和协调指导金沙江上游水电开发相关政策以及重大建设方案和工程技术问题；研究、沟通和协调解决流域开发中遇到的问题，提出处理重大问题的建议并报协调领导小组；协助和配合各方履行相关工作职责，指导和督促各方贯彻落实各项协调处理意见等。

（3）高位协调推进了移民安置规划前期工作。金沙江上游水电开发协调机制成立后，积极召开领导小组会议、办公室会议和专题会议协调各种层次的协调会议，有效地推动了金沙江上游川藏段的水电开发，对金沙江上游打造首批开工项目，加快开发进程作出了积极贡献；积极开展移民课题研究，针对其地理环境、宗教民俗等实际情况，在金上协调办的积极推动下，水电总院组织开展了"金沙江上游（川藏段）水电工程移民多渠道安置方式和具体政策措施研究"课题研究工作，全面、系统地构建了金沙江上游水电开发建设中征地移民安置工作的技术框架与要求，确定了金沙江上游移民就近后靠和实施逐年货币补偿安置的基本原则，在此基础上统筹规划流域移民专项复建和移民安置点建设，并高度重视宗教设施和宗教关系的保护与恢复，解决了涉藏地区宗教设施与宗教民俗的补偿和测算方式等问题，为破解涉藏地区移民难题提供了有力的政策支撑，这些成果在苏洼龙、叶巴滩、巴塘等水电站工程的移民前期工作中得到了广泛应用，对金沙江上游水电移民前期工作起到了积极推进作用；有序实施前期技术审查工作，在金上协调办的大力推动下，水电总院及早组织并开展了苏洼龙、叶巴滩、巴塘、拉哇、昌波等水电站的前期技术审查工作，有效地促进了金沙江上游川藏段电站的前期工作，为金沙江上游其他水电工程开发奠定了良好基础并提供了先行经验。

4.1.2 提前谋划，遵循先攻关后实施模式

（1）响应落实国家提出的移民安置创新研究要求。为落实《中共中央国务院关于进一步做好西藏发展稳定工作的意见》（中发〔2005〕12号）、《中共中央　国务院关于加快四川、云南、甘肃、青海省涉藏地区经济社会发展的意见》（中发〔2010〕5号）等党和国家有关西藏工作的要求，加快推进金沙江上游水电开发前期工作，促进金沙江上游水电站尽早开工，国家发展和改革委员会于2010年12月21日在北京召开了金沙江上游水电开发工作会议。会后，印发了《国家发展和改革委员会办公厅关于印发金沙江上游水电开发工作会议纪要的通知》（发改办能源〔2011〕268号），该文明确要求"高度重视金沙江上游水电开发移民安置工作。做好水电移民工作是水电开发的重要任务，也是帮助移民群众脱贫致富是水电开发的重要目标之一。水电总院要会同青海、四川、西藏、云南四省（自治区），组织有关单位，本着改革的精神，加强移民政策研究，创新移民工作思路，按照以人为本、因地制宜的原则，研究制定多渠道安置方式和具体政策措施，使水电项目的开发建设真正成为当地移民群众脱贫致富的难得机遇和流域地区经济发展、加快城镇化进程的重要契机。"

（2）组织开展金沙江上游移民安置政策创新研究。基于国家能源战略要求、金沙江上游水电开发前期工作进展以及地方社会经济持续发展的迫切需求，根据发改办能源〔2011〕268号文要求，水电总院于2012年7月23日在

北京主持召开了金沙江上游水电工程移民多渠道安置方式和具体政策措施研究讨论会。此次会议汇聚了包括中国水电工程顾问集团有限公司，青海、四川、西藏和云南四省（自治区）的发展改革委、能源局（办）和移民主管部门，华电集团，华电金上公司，国电大渡河水电开发有限公司，二滩水电开发有限公司，中国水电顾问集团成都勘测设计研究院有限公司（以下简称"成都院"）、华东勘测设计研究院有限公司（以下简称"华东院"）、中南勘测设计研究院有限公司（以下简称"中南院"）、昆明勘测设计研究院有限公司（以下简称"昆明院"）、贵阳勘测设计研究院有限公司（以下简称"贵阳院"）、西北勘测设计研究院有限公司（以下简称"西北院"）和北京勘测设计研究院有限公司（以下简称"北京院"）等单位的领导和专家。会议围绕金沙江上游和经济社会条件类似地区水电工程移民多渠道安置方式和具体政策措施研究内容进行了深入交流与探讨。会后，水电总院以水电规库〔2012〕87号文印发了《金沙江上游水电工程移民多渠道安置方式和具体政策措施研讨会会议纪要》，系统地阐述了课题研究工作的必要性、主要内容及组织保障措施，并对相关问题的处理原则、具体政策措施及协调机制提出了建设性意见。2013年3月，华电金上公司正式委托水电总院开展"金沙江上游水电工程移民多渠道安置方式和具体政策措施课题研究"工作；为保障该课题研究工作的顺利开展，水电总院与中国水电工程顾问集团有限公司共同牵头负责，会同华电集团、四川省扶贫和移民开发局、华电金沙江上游水电开发有限公司、成都院、中南院、北京院、西北院等单位专家组成课题研究组。2013年4月，课题组分别编制完成了《金沙江上游水电工程移民多渠道安置方式和具体政策措施研究课题大纲》（以下简称《课题大纲》）和《金沙江上游水电工程移民多渠道安置方式和具体政策措施课题研究工作方案》（以下简称《工作方案》）。2013年4—9月，课题组以金沙江上游规划各梯级水电工程为主要分析对象，根据金沙江上游梯级电站建设征地区域的经济社会特征，对实物指标调查及补助测算方法、农村移民生产安置方式、移民工程与地方发展规划衔接、征地补偿标准差异性和移民工程建设机制等进行了全面深入研究，提出了《金沙江上游水电工程移民多渠道安置方式和具体政策措施研究报告》。

（3）金上协调办组织研究课题验收。2013年9月11日，金上协调办在成都组织水电总院、中国水电工程顾问集团有限公司，西藏自治区发展改革委、能源局、水利厅，四川省发展改革委、能源局、扶贫和移民工作局，华电集团、国电大渡河流域水电开发有限公司、华电金上公司、西北院、中南院、成都院、贵阳院和北京院等单位召开了金沙江上游水电工程移民多渠道安置方式和具体政策措施研究报告验收会议。会议认为，课题组提交的研究成果内容丰富、技术路线清晰、研究深入、重点突出、思路创新、针对性强，具有较强的现实意义，是对现行水电工程建设征地移民安置政策规定和技术标准的有益补充，对保障金沙江上游水电开发工作顺利推进、确保移民合法权益、促进移民脱贫致富和地方经济社会协调发展具有重要指导作用，可供国家有关部委和省级人民政府及有关主管部门决策参考。该研究成果完成了项目任务（合同）书的研究任务，满足相关要求，同意通过验收，并建议课题组根据专家验收意见，进一步完善该研究报告。在此基础上，课题组对研究报告进行了必要的修改完善，并编制完成了《金沙江上游水电工程移民多渠道安置方式和具体政策措施研究报告》（验收稿）。

（4）关键问题研究为移民工作提供了依据。经金上协调办验收认可的《金沙江上游水电工程移民多渠道安置方式和具体政策措施研究报告》为金沙江上游川藏段几个梯级电站的移民安置规划设计工作提供了参考依据。该报告中将实物指标调查和逐年货币补偿安置方式作为关键问题研究的重要组成部分，为金沙江上游川藏段梯级电站的移民安置工作提供了坚实的科学依据和切实可行的操作指南。其中，实物指标调查可以准确地掌握建设征地范围内的各类实物数量和价值，为制定合理的移民安置补偿方案提供依据；而逐年货币补偿安置方式则是一种符合当前经济发展趋势和移民意愿的新型安置方式，有助于实现移民的可持续发展和社会稳定。这一系列举措确保了移民安置工作的科学性、合理性和可操作性，有力地推动了金沙江上游区域移民安置规划与实施的顺利进行。

4.1.3 统筹考虑，制定完备的现场工作方案

1. 加强政策宣传，组织外出考察，改变思想观念

为达到较好的政策宣传效果，转变当地居民对水电移民政策缺乏理解的现状，业主在项目设计前期组织当地干部、村组移民代表组织到四川甘孜州、贵州、北京等地进行学习。2012年和2013年均开展关于移民政策的培训，组织当地干部及村民代表实地参观考察其他电站移民安置后的效果，加深地方对于移民工作的认识，提高当地群众对今后生活的信心。以苏洼龙水电站为例，业主开展两次规模性培训及考察，覆盖人数50人次，培训对象覆盖市

县移民干部、村组干部、移民代表、有号召力的村民，组织培训对象到贵州、四川、云南学习。通过参观居民点、了解已有电站安置方式，培训对象对安置效果、安置方式有了初步认识了解，拉哇、叶巴滩水电站也通过自行组织的方式开展相关宣传考察工作。通过前期充分宣传，移民干部、村组干部、移民代表、有号召力的村民对水电移民形成了相对全面的认识，从初期的疑虑、担忧甚至反对，转变为信任、赞同，并配合业主积极推动项目开发。

通过培训、交流学习等多种方式结合，一方面加强地方干部对于政策、移民工作特点、工作方式、各方职责的理解，促进后续移民工作的顺利开展；另一方面，树立地方干部、移民代表对水电开发的信心，在深入了解水电开发对地方社会经济发展的影响后，更加配合推进项目的开发。

2. 细致策划，全方位统筹实物指标调查

（1）提前策划，保障安全。由于西藏、四川山区道路等基础设施较为薄弱，针对道路不通或路面情况较差的区域，对物资运输、保障人员安全抵达现场进行充分策划，对可能遇到的风险问题进行提前规避，并制订相关预案，例如携带卫星电话、睡袋、利用马帮运送生活物资及工作物资等。

（2）精细设计调查路线。开展实物指标调查工作前，精心设计调查路线，做到每组每天路线提前策划，明确交通方式、休息点，提前规划食宿安排。

（3）调查前做足准备。实物指标调查前，根据《大中型水利水电工程建设征地补偿和移民安置条例》（国务院令第471号）、《水电工程建设征地移民安置规划设计规范》（NB/T 10876—2021）以及《关于进一步加强大中型水利水电工程移民有关前期工作的通知》（川移发〔2008〕213号），统筹同一库区涉及的西藏自治区相关规定，分区域编制《电站可行性研究报告阶段建设征地实物指标调查细则及工作方案》（以下简称《细则》），并提交省移民主管部门进行咨询审查。

（4）根据实际做好双语准备。由于涉藏地区村民大多用藏语进行交流，为更进一步保障项目顺利推动，在已审定的《细则》的基础上，编制调查藏汉双语宣传手册（图4.1），并根据移民及移民干部的关注重点，分别形成移民版本及移民干部版本。

（5）针对重要设施开展调查。例如寺庙调查时，提前沟通协调，与地方民族宗教主管部门提前沟通、了解具体情况后，根据现场实际情况开展调查，规避相关风险。

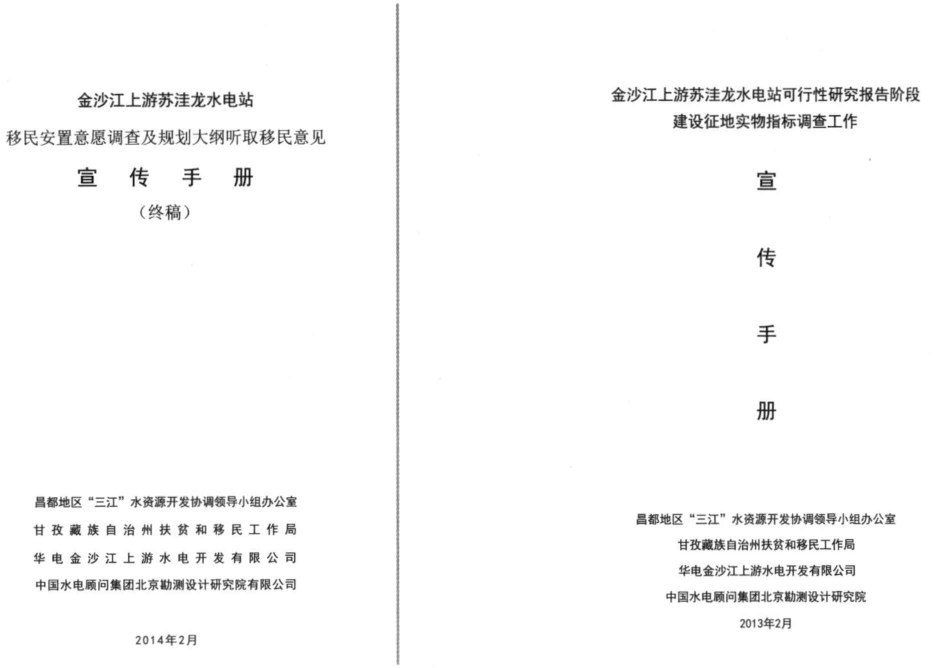

金沙江上游苏洼龙水电站 移民安置意愿调查及规划大纲听取移民意见 **宣 传 手 册** （终稿） 昌都地区"三江"水资源开发协调领导小组办公室 甘孜藏族自治州扶贫和移民工作局 华电金沙江上游水电开发有限公司 中国水电顾问集团北京勘测设计研究院有限公司 2014年2月	金沙江上游苏洼龙水电站可行性研究报告阶段 建设征地实物指标调查工作 **宣 传 手 册** 昌都地区"三江"水资源开发协调领导小组办公室 甘孜藏族自治州扶贫和移民工作局 华电金沙江上游水电开发有限公司 中国水电顾问集团北京勘测设计研究院 2013年2月

图 4.1 宣传手册示例

3. 精心组织，系统策划移民安置规划设计工作

在移民安置规划设计工作过程中，按照项目特点、当地社会经济特点，梳理规划设计工作中存在的各方面影响因素，在移民安置规划大纲编制前，开展大纲的规划方案策划工作。对大纲编制过程中的实物指标调查、指标确认、与企事业单位的对接提前制订工作计划，针对项目特点，合理安排设计人员，明确各方职责，梳理工作流程及重点难点，并对大纲的各节点时间进行合理分配，进一步保障后续移民安置规划设计工作的顺利开展。全方位保障，确保按期完成工作。

为确保按期完成工作目标，制订电站建设征地实物指标调查计划。编制《总体工作计划》，对成立工作机构、政策法规宣传、界桩埋设、户籍、权属、地界清理、全库区摄像、实物指标调查工作内容及时间进行界定、安排；编制《实物指标调查策划》，对前期工作、组织机构、物资准备和时间进度安排进行规划。为实物指标调查制定完善的现场工作方案，为调查工作打下坚实基础。语言沟通方面，调查前提前明确翻译人员，打印装订好宣传表、实物指标调查表等各类表格，宣传手册采用藏汉双语。

4.2 科学编制移民安置规划

4.2.1 强化质量管控，提高移民安置规划的科学性

科学合理地编制移民规划大纲和移民安置规划是有效开展征地移民工作的基石，也是有效控制征地移民费用的先决条件。在进行金沙江上游水电工程移民安置前期规划阶段，项目法人、设计单位和地方政府各司其职，相互协作，并加强质量管控。科学制定移民安置规划，规划设计成果经过内审和外审，确保成果达到政府认可、移民满意、投资合理、可行可靠的效果。

1. 设计院内部质量管控

设计单位根据收集的相关资料编制移民规划大纲和规划报告，其严格的内部质量管控是保证报告质量的必要前提。各设计单位在规范勘测设计咨询产品管控等级，明确产品设计质量控制流程和工作职责，确保对产品进行全面、系统的质量控制等方面，均制定相关系列管理规定，明确了设计、校审流程以及相关人员的职责以及报告质量等级的评定办法，有效地保障了移民规划大纲和规划报告的编制质量。

【案例一】 中国电建集团北京勘测设计研究院有限公司（以下简称"北京院"）关于报告校审相关人员职责及工作程序规定

北京院产品校审规定明确，报告的校审包括自校、校核、审查、核定和批准等四道工序。要求设计人应认真对产品进行全面自校，保证产品准确表达设计要求，如计算书的计算方法、公式、程序、设计标准和设计条件正确，基本假定合理，计算成果正确；图纸的图面布置恰当，视图正确，尺寸齐全；报告文字叙述通顺、简练、确切，并满足设计阶段深度要求。校核人应对产品进行全面核对，如基本资料、勘测设计原则、过程、方法及结论等。审查人应对产品中的重要参数、方案及重要结论的正确性、合理性负责。核定和批准产品中重要的设计标准、设计条件、设计原则、技术方案和结论意见等。设计产品（包括报告、图纸、计算书）的校审均应在输出的纸质产品上进行。产品须经设计人认真自校后，方可提交校审人员进行校审。校审人应依据采用的技术标准等的要求进行校审。产品校审过程中，校核人、审查人应对校审过的数据或部位留下标记，对所校审的产品进行质量评定。校审人应将校审意见及时向设计人当面反馈，并由设计人进行修改；修改后的产品，校审

人应进行复验，复验合格后再在产品上签名确认；校审人签名确认后方可提交下一道校审工序。校审过程中，如遇到对技术问题意见不一致时，各级人员应尊重并仔细听取前一道工序人员的意见，尽量协商达到统一，如确实不能统一时，应按上一级人员的意见修改。下一级人员可保留自己的意见，记录在"产品质量运行卡"中并同产品一起归档。

此外，为做好大中型水利水电工程前期设计阶段工程项目的设计控制工作，提高设计产品质量，增强顾客和其他相关方满意度，确保设计产品满足法律法规、技术标准要求，特制定了《水利水电工程前期设计阶段设计控制程序》。设计流程如图4.2所示。

通过严格的内部质量管控，北京院高质量完成了苏洼龙水电站移民安置规划大纲和移民安置规划的编制工作，科学合理地制定了移民安置规划。

2. 项目法人过程管控

项目法人秉持着广泛吸纳意见与强化协作的核心理念，在推进移民安置规划审查的筹备阶段，精心组织多位相关领域专家进行深度咨询，进一步加强规划设计质量管控。

【案例二】 项目法人参与管控苏洼龙水电站移民安置规划大纲

2014年1月和3月，在苏洼龙水电站移民安置规划大纲审查之前，项目法人华电集团在推进移民安置规划审查的筹备阶段，精心组织多位相关领域专家进行了深度咨询，并对苏洼龙水电站枢纽工程建设区、水库淹没区、拟定的移民安置点、集镇迁建新址、专项改建等进行了现场查勘，提出了"建议移民安置规划应充分考虑当地社会经济发展状况和美丽幸福新村建设要求，注重民族建筑特色，超前谋划移民优势产业开发，设定移民安置标准要有一定的前瞻性""建议按照国家法规政策规定，研究细化逐年货币补偿政策以利于操作""建议在苏洼龙水电站前期工作中，按照国家发展改革委要求，进一步探索完善'先移民、后建设'，对枢纽工程建设区和围堰水位影响区先行移民安置的相关规划设计成果，先行报请省级移民主管部门审批、先行实施移民搬迁安置，原则上不采取过渡安置""对集镇、移民住房和学校、医院等公共设施的勘探设计深度一定要按照国家规定做到位"等咨询意见。

在苏洼龙水电站移民安置规划大纲审查之前的咨询阶段，项目法人广泛邀请行业专家对移民安置规划方案进行深入审议，要求设计充分考虑移民的经济社会发展规划，与幸福新村建设要求相衔接，并注重民族建筑特色。同时，科学合理地制定移民安置规划目标、安置标准和安置方案。经过充分翔

第4章 移民安置实践

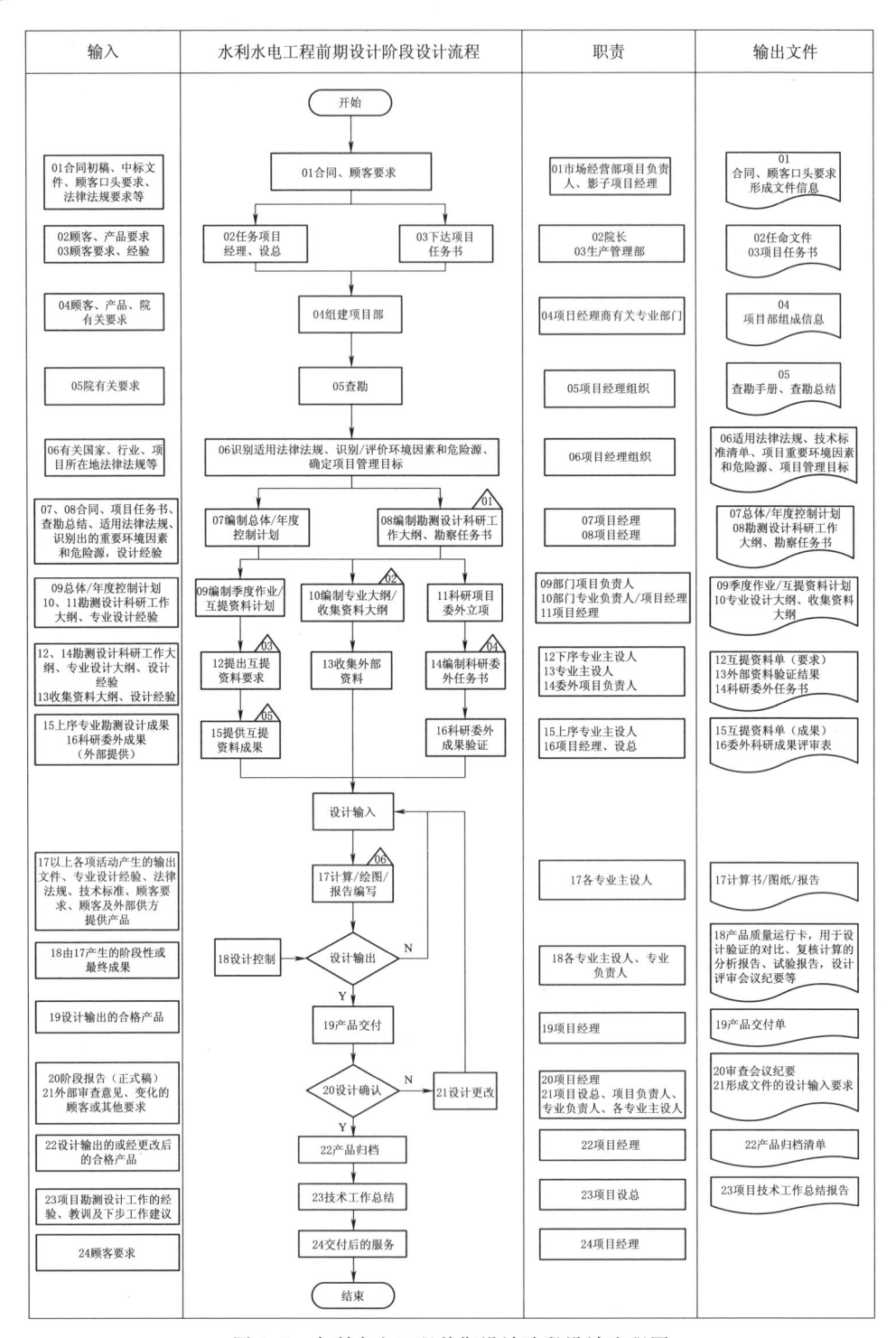

输入	水利水电工程前期设计阶段设计流程	职责	输出文件
01 合同初稿、中标文件、顾客口头要求、法律法规要求等	开始 → 01 合同、顾客要求	01 市场经营部项目负责人、影子项目经理	01 合同、顾客口头要求形成文件信息
02 顾客、产品要求 03 顾客要求、经验	02 任务项目经理、设总 / 03 下达项目任务书	02 院长 03 生产管理部	02 任命文件 03 项目任务书
04 顾客、产品、院有关要求	04 组建项目部	04 项目经理商有关专业部门	04 项目部组成信息
05 院有关要求	05 查勘	05 项目经理组织	05 查勘手册、查勘总结
06 有关国家、行业、项目所在地法律法规等	06 识别适用法律法规、识别/评价环境因素和危险源、确定项目管理目标	06 项目经理组织	06 适用法律法规、技术标准清单、项目重要环境因素和危险源、项目管理目标
07、08 合同、项目任务书、查勘总结、适用法律法规、识别出的重要环境因素和危险源、设计经验	07 编制总体/年度控制计划 / 08 编制勘测设计科研工作大纲、勘察任务书	07 项目经理 08 项目经理	07 总体/年度控制计划 08 勘测设计科研工作大纲、勘察任务书
09 总体/年度控制计划 10、11 勘测设计科研工作大纲、专业设计经验	09 编制季度作业/互提资料计划 / 10 编制专业大纲/收集资料大纲 / 11 科研项目委外立项	09 部门项目负责人 10 部门专业负责人/项目经理 11 项目经理	09 季度作业/互提资料计划 10 专业设计大纲、收集资料大纲
12、14 勘测设计科研工作大纲、专业设计大纲、设计经验 13 收集资料大纲、设计经验	12 提出互提资料要求 / 13 收集外部资料 / 14 编制科研委外任务书	12 下序专业主设人 13 专业主设人 14 委外项目负责人	12 互提资料单（要求） 13 外部资料验证结果 14 科研委外任务书
15 上序专业勘测设计成果 16 科研委外成果（外部提供）	15 提供互提资料成果 / 16 科研委外成果验证	15 上序专业主设人 16 项目经理、设总	15 互提资料单（成果） 16 委外科研成果评审表
	设计输入		
17 以上各项活动产生的输出文件、专业设计经验、法律法规、技术标准、顾客要求、顾客及外部供方提供产品	17 计算/绘图/报告编写	17 各专业主设人	17 计算书/图纸/报告
18 由17产生的阶段性或最终成果	18 设计控制 → 设计输出	18 各专业主设人、专业负责人	18 产品质量运行卡，用于设计验证的对比、复核计算的分析报告、试验报告，设计评审会议纪要等
19 设计输出的合格产品	19 产品交付	19 项目经理	19 产品交付单
20 阶段报告（正式稿） 21 外部审查意见、变化的顾客或其他要求	20 设计确认 → 21 设计更改	20 项目经理 21 项目设总、项目负责人、专业负责人、各专业主设人	20 审查会议纪要 21 形成文件的设计输入要求
22 设计输出的或经更改后的合格产品	22 产品归档	22 项目经理	22 产品归档清单
23 项目勘测设计工作的经验、教训及下步工作建议	23 技术工作总结	23 项目设总	23 项目技术工作总结报告
24 顾客要求	24 交付后的服务 → 结束	24 项目经理	

图 4.2 水利水电工程前期设计阶段设计流程图

实的咨询讨论，进一步完善了苏洼龙水电站移民安置规划方案，加强了规划设计质量管控。

3. 地方政府逐级征求意见

在开展金沙江上游各电站的移民安置规划时，广泛听取了移民和移民安置点居民的意见，充分征求了地方政府和权属单位及相关行业主管部门的意见，实现了前期规划工作精准、早介入，确保前期工作深度。首先，由设计单位会同地方政府和项目法人，编制相关移民政策宣传手册，大力开展移民干部培训，宣传移民政策；其次，由地方政府组织相关部门、项目法人和设计单位组成移民意愿调查组，通过问卷调查方式征求移民意愿；再次，征求其他权属单位及相关行业主管部门对于专业项目、事业单位等处理方案；最后，根据听取移民意愿情况，征求其他权属单位及相关行业主管部门意见情况，地方政府会同项目法人和设计单位共同拟定移民安置规划方案，并由地方政府出具文件确认。

设计单位在制定移民安置规划方案的基础上，起草并提交移民安置规划大纲和详细规划，征求地方政府的意见。地方政府组织相关部门、项目责任方和设计单位召开讨论会议，就移民安置规划大纲和详细规划提出问题。设计单位逐条解释说明，在必要时进行修改和完善，并在技术审查通过后提交审批。审批通过后，地方政府逐级上报审批。

【案例三】 苏洼龙水电站（四川部分）建设征地移民安置规划听取移民意愿、征求地方政府意见情况

2013年3月初，北京院会同西藏昌都市移民主管部门、四川甘孜州扶贫移民局、华电金上公司完成了《金沙江上游苏洼龙水电站移民安置规划大纲编制阶段移民政策宣传干部读本》《金沙江上游苏洼龙水电站移民安置规划大纲编制阶段移民意愿调查宣传手册》，积极开展移民干部培训，宣传移民政策。

2014年3月初，巴塘县成立了以县委副书记为组长，北京院、华电金上公司为副组长单位、县属有关部门和乡党委政府为成员单位的县移民安置意愿调查工作领导小组，并组织成立了两个调查组，全面负责苏洼龙水电站建设征地移民意愿调查工作。

2014年3月10—11日，巴塘县会同西藏芒康县、北京院和华电金上公司对移民意愿调查组及乡村组干部、移民代表进行了移民政策宣传，邀请四川省扶贫移民局、甘孜州扶贫移民局、北京院有关领导和专家，进行了移民政策规范、生产安置方式、搬迁安置方式等宣讲，并进行了分组讨论，两县参培人员近 100 人。

2014 年 3 月 17 日至 7 月下旬，由巴塘县有关部门和乡村干部，北京院、华电金上公司组成的调查组，先后进驻竹巴龙乡和苏洼龙乡，对各村进行政策宣传，对建设征地涉及的移民开展移民安置意愿调查，就生产安置方式和搬迁安置方式充分征求了移民的意愿。

在意见征求过程中，北京院派出专门的技术人员根据意见征求宣传材料对各种安置方式的含义、移民可享受的政策进行了详细解读，尤其对远迁移民的界定方法和享受政策，以及逐年货币补偿安置政策和标准进行了充分讲解。移民在了解各种政策后结合自身情况填写了移民安置意愿调查表。北京院技术人员对移民意愿进行了汇总，并及时反馈了移民意见（图 4.3 和图 4.4）。

图 4.3　现场讲解移民政策　　　　图 4.4　移民意愿对接

苏洼龙水电站移民意见征求工作主要采用问卷调查方式。北京院制定了移民安置意愿调查表格，地方政府将此表发送给每一户移民。调查表主要包括生产安置方式和搬迁安置去向等内容。调查组逐户进行调查，填写调查表后由调查人员、被调查人员以及村组负责人签字认可，最终结果由村、乡、县扶贫移民局盖章。在移民安置意愿调查过程中，移民积极配合，结合个人情况自主选择适合自己条件的生产安置方式和搬迁去向。

2014 年 8 月 16 日，巴塘县人民政府在巴塘县主持召开了苏洼龙水电站建设征地移民安置规划大纲讨论会。参加会议的有巴塘县委、县政府、扶贫移民局、住房和城乡建设局、国土资源管理局、林业局、苏洼龙乡人民政府、竹巴龙乡人民政府相关人员，移民代表，各专业项目单位及北京院的领导和代表。北京院就《金沙江上游苏洼龙水电站建设征地移民安置规划大纲（征求意见稿)》做了详细介绍，与会代表对规划大纲进行了充分的讨论，就大纲中的安置方案、规划原则、规划目标和标准、各专业项目复改建方案和标准等方面提出了建议。

2015年1月，由巴塘县人民政府、项目业主组织人员和设计单位进行分析，对于征求的移民和移民安置区居民意见，以及移民提出的合理要求，在安置规划中予以采纳。

2015年2月13日，巴塘县人民政府在巴塘县主持召开了苏洼龙水电站建设征地移民安置规划大纲讨论会。参加会议的有巴塘县委、县政府、扶贫移民局、住房和城乡建设局、国土资源管理局、林业局、苏哇龙乡人民政府、竹巴龙乡人民政府相关人员，移民代表，各专业项目单位及北京院的领导和代表。北京院就《金沙江上游苏洼龙水电站建设征地移民安置规划报告（征求意见稿）》（简称规划报告）做了详细介绍，与会代表对规划报告进行了充分的讨论，就报告中的规划原则、规划方案、各专业项目复改建方案和标准等方面向移民及权属单位进行了说明，征得移民群众的认可。

2015年3月9日，四川甘孜州扶贫移民局组织州发展改革委、国土局、林业局，巴塘县人民政府及相关部门对规划报告（审核稿）进行咨询。北京院根据咨询意见对规划报告进行了修改和完善。

2015年3月23—24日，水电总院会同四川省扶贫移民工作局在成都主持召开了规划报告审查会，提出了需要进一步修改的审查意见。北京院根据审查意见对规划报告进行了修改和完善。

2015年4月底，北京院进一步就修改完善的规划报告现场向巴塘县移民群众、基层干部以及县移民主管机构征求意见，并向其说明了报告的修改情况，巴塘县人民政府以巴塘府函〔2015〕21号文对规划报告进行了确认，并提交甘孜州政府进行确认。

通过逐级征求移民意愿和地方意见、逐一完善反馈，使得苏洼龙水电站移民安置规划更切合实际，移民更为满意，为实施阶段妥善安置移民打下了良好的基础。

4. 水电总院技术把关

结合金沙江上游川藏段水电工程移民安置的实际情况和重点难点，水电总院精心策划，并着重关注方法与途径。为确保移民安置前期规划的科学性、合理性和可操作性，水电总院严格遵循规划报告中关于移民妥善安置、生态环境精心保护、社会经济可持续发展以及严格遵守政策法规等核心原则，投入了大量技术专家，以科学、客观、高质量的方式开展技术服务工作，有效地把控了移民安置前期规划质量。在开展金沙江上游水电中，水电总院协助金上协调办开展了各项工作，负责技术把关，做好技术参谋；梳理并研究水电开发工作中的相关政策和具体问题，提出初步意见和方案；负责专家开展有关专题研究和可行性研究课题的评估、审查、验收等工作；负责协助综合组起草或审核协调办各方面的相关技术文件；指导、协助各方履行水电开发工作相关职责，跟踪、检查协调意见落实情况，并做好总结与评价工作。

（1）水电总院配置了规划、水库、水工、建筑、施工、地质、机电、环保、造价等专业专家组成评审技术专家团队，充分发挥团队精诚合作优势，依法合规开展审查、严控安置标准、优化设计方案、严把质量关。例如，金沙江上游川藏段水电工程涉及大量的藏式传统建筑等特色实物指标，拥有独特和鲜明的特点，其补偿标准的确定，直接关系到移民的切身利益，是水利水电工程建设前期工作的重要内容，也是项目参与各方关注焦点。因此，为全面保障移民的合法权益，在确定涉藏地区补偿补助项目及标准时采取了典型测算的方法。水电总院对典型设计成果的经济合理性、合法合规性、设计科学性等方面进行了评审把关，评审确定后的补偿标准得到移民和地方政府的广泛认可，安置效果较好。

（2）对于金沙江上游已核准的叶巴滩、苏洼龙、巴塘和拉哇等水电站项目，水电总院在开展技术审查时始终采取"依法依规、实事求是、流域统筹、两岸平衡、同库同策"原则，对于移民个人补偿补助标准严格执行四川、西藏两省（自治区）规定的安置和补偿标准，无明确规定的尽量按照协调一致的原则开展技术审查工作；依法依规确定安置和补偿标准，有效地保障了移民的合法权益，降低了移民安置实施难度，有利于建设征地所在地区社会稳定，促进了移民和谐发展。

4.2.2 关注移民权益，完善特色实物指标调查方法和补偿标准分析方法

特色实物指标调查及补偿标准的确定，直接关系到移民的切身利益，是水利水电工程建设前期工作的重要内容，也是项目参与各方的关注焦点。通过对在建、已建水电工程涉藏地区的移民安置实际情况进行分析，明确具体的实施方式。

1. 科学构建实物指标调查项目体系，助力调查工作顺利开展

实物指标调查工作开展前，项目法人、主体设计单位会同地方各级人民政府以及住建、文化、宗教事务等行业主管部门，通过组织现场综合踏勘、召开访谈和座谈会等形式全面梳理、了解水库淹没影响区和枢纽工程建设区范围内的建筑风格风貌、宗教设施和民族文化等基本情况，编制具有针对性的实物指标调查细则及工作方案，并广泛征求地方人民政府相关行业主管部门意见。调查过程中配备具有较好群众基础且掌握藏汉双语的地方政府工作人员，调查人员学习简单的藏语，用尽可能简单的方式使移民群众理解实物指标调查工作开展的重要性，以此顺利推进实物指标调查工作[15]。

2. 考虑库区特点，细化实物指标分类及调查方法

特色实物指标的调查需结合当地实际，做到全面记录、不遗不漏，才能充分保障移民的合法权益。

（1）藏式房屋。叶巴滩、苏洼龙、巴塘、拉哇等水电站的房屋调查过程中，根据房屋的结构类型将其大致分为藏式石木结构、藏式土木结构、藏式土石木结构、藏式木结构、框架结构、混合结构（砖混、石混）、砖木结构、土木结构、土石木结构、杂房和其他等11类，对于藏式房屋通过分层确定其结构。藏式房屋调查过程中，房屋建筑面积的计算以房屋勒脚线以上外墙边缘（不以屋檐滴水界）所围的建筑面积量算，房屋面积按平方米计算，取至 $0.1m^2$。调查人员逐单位、逐户、逐幢对房屋进行丈量计算和清点，注明所在高程和控制高程，并现场登记。调查完成后，调查表须由权属人（相关主管部门）及参与调查的联合工作组各方现场签字认可。

（2）藏式装修。在叶巴滩、苏洼龙、巴塘、拉哇等水电站的实物指标调查中，将房屋装修按项目根据实际情况总体分为地面装修、壁柜装修、门窗装修、经堂装修、墙面装修、柱装修、吊顶装修等七大部分。地面装修包括了藏式木地板、实木地板、彩釉地砖等；壁柜装修包括了藏式木质立柜、藏式彩绘木质橱柜、藏式雕花彩绘木质橱柜、藏式雕刻橱柜、简易彩绘木质橱柜、彩绘立柜；门窗装修中包括了雕刻漆绘窗、漆绘门窗、雕刻漆绘门、雕刻门、铝合金；经堂装修包括了经堂木地板、经柜；墙面装修包括了藏式雕花彩绘墙面、藏式彩绘墙面、装饰木板墙面、巴苏、仿瓷墙面、内墙瓷砖、乳胶漆、墙纸；柱装修包括了雕刻漆绘柱、漆绘柱；吊顶装修包括了木望板、木质吊顶、胶望板。实践证明，相较于传统的按照房屋结构和用途分类，该分类方法适用于涉藏地区特殊的房屋结构和装修风格，房屋及装修实物指标

调查成果得到了移民群众、地方政府和业主的高度认可。在具体实施过程中，均无重大异议，取得了较好的效果，并在金沙江上游水电工程开发过程中得到了广泛的应用。

（3）特色附属建构筑物。在叶巴滩、苏洼龙、巴塘、拉哇等水电站的实物指标调查过程中，白塔以立方米和处计，按佛塔外壳不同材料分石质佛塔和钢筋混凝土佛塔，将佛塔分为基座、塔身、塔尖三部分，分别测算体积，求和得出佛塔总体积，单个佛塔计为1座，连片佛塔计为1处并注明佛塔数量。相较于传统直接将白塔分为大、中、小的分类方式，该方式将白塔实物指标量进行更为详细的反映，为后续白塔补偿提供了更加细致的基础数据，无论是采用按照面积还是按处的标准进行补偿皆有可靠的支撑。

3. 尊重地方宗教文化，调查结果得到权属人和信众的认可

转经房（洞科）、查孔、嘛呢堆、水转经、佛塔、经幡等在区域内均较为常见，而树葬群、水葬点、土葬点等特色实物指标调查相较于其他设施更加具有一定的敏感性。其中树葬点是叶巴滩水电站涉及的白玉县特有的一种设施，在叶巴滩水电站实物指标调查过程中，通过现场调研、邀请德高望重的宗教人士指导、咨询相关专家等方式，了解其历史和仪式仪轨，按照数量对树葬群、水葬点、土葬点进行调查，并按照每个具体单价测算其费用，在充分尊重地方宗教文化习俗和信仰的基础上，对其进行妥善处理。调查结果得到了权属人和信众的认可，无群众提出重大异议，并得到有效实施，保障了区域内社会稳定。

4. 关注移民权益，完善补偿补助标准分析确定方法

为确定涉藏地区的补偿补助项目及标准，调查组采取深入调查的方式全面了解当地的民族风俗习惯。结合实际情况，现场调查需要统计特有的藏式房屋结构和装修风格，吸取周边水电站的历史经验，合理分类并提出补偿项目。考虑到涉藏地区特色附属设施种类繁多，如嘛呢堆、水转经、佛塔、经幡等，调查工作应全面记录不同实物指标的特征、尺寸，深入了解其功能、作用及相关的风俗习惯，并通过整理归类提出相应的补偿项目。对于涉及房屋结构、装修和特色附属设施等特殊实物指标项目，提出合理的补偿标准至关重要。选取典型案例进行费用估算，以确定相关补偿标准，是一种可行且受移民广泛认可的方法，它能全面保障涉藏地区移民的合法权益。在测算分析过程中，除了考虑基本因素如结构、材料、面积等外，还需充分考虑相关的宗教仪式和活动。

4.2.3　突破关键难题，妥善开展移民生产安置工作

金沙江上游人地矛盾较突出，进行农业安置难度较大，并且移民收入构成比较特殊，对水库淹没线上林业资源依赖大，因此绝大多数移民群众不愿意离开故土，远迁至其他农业资源较富裕的区域。为保障移民工作顺利开展，创新移民生产安置方式迫在眉睫[16]。

1. 创新逐年货币补偿安置方式

水电站建设使移民失去了原有全部或部分耕（园）地等土地资源，采用逐年货币补偿安置后，在比较长的时间内，不需从事原来的劳动即可获得一份长期固定的产出，并且采用这种安置方式使闲置的劳动力可进城务工或寻找新的生产和就业门路，一方面加快了城镇化建设，另一方面进一步拓宽移民收入来源，减少可能引起社会不稳定的因素。移民较为愿意接受逐年货币补偿安置方式。逐年货币补偿安置方式关注的重点是社会就业容量、人口规模、人口素质、区域经济发展水平等社会经济指标。该安置方式将农民从土地中解放出来，土地资源的配置不再成为搬迁的制约因素，同时也最大限度地满足移民的后靠愿望，更方便利用后备资源。

实行逐年货币补偿安置的优点包括：①实行逐年货币补偿安置可以使农民有收入保证，保障库区的稳定；②减少移民安置任务，减轻移民搬迁压力，降低移民安置工作难度；③实行逐年货币补偿后，部分农村劳动力可以向城镇转移，可以加快城镇化的建设，符合目前社会的发展趋势；④原规划垫高防护的耕地进行逐年货币补偿，减少了垫高防护的投入；⑤移民实行逐年货币补偿安置可以减少工程的前期投资，变一次性补偿投资为逐年货币补偿投资，减轻电站的融资压力。

金沙江上游区域后备耕地资源不足，电站建设征地造成的土地资源特别是耕地资源损失数量较多，恢复难度较大，且水库周边剩余耕地资源少、质量不高、产量较低，人地矛盾突出，耕地资源筹措困难大；该区域水库周边基本无阶地，漫滩分布，土地、气候、光热、水利等自然利用条件相对较差，生态环境脆弱，水库周边剩余可供开垦为耕地的荒草地资源数量有限；该区域居民文化教育水平较低、劳动技能较差，对获取虫草、松茸、贝母、知母等野生林下经济作物野生资源的依赖性很大，且对资源进行划界管理，移民外迁困难。综合分析比较，在金沙江上游区域采取以逐年货币补偿为主的安置方式是较适宜的。

研究成果深入探讨了逐年货币补偿机制在金沙江上游水电工程移民安置中的创新应用,提出了基于当地经济社会发展水平和物价变动因素的动态调整方案,确保移民能够持续获得稳定的经济补偿,有效缓解因一次性补偿带来的生活压力和社会风险;同时,明确了逐年货币补偿的具体操作流程、资金来源与管理机制,为政策落地提供了可行的实施路径;在多渠道安置方式的研究中,课题组不仅分析了传统农业安置、城镇安置、货币安置等多种模式的适用性,还重点探讨了逐年货币补偿与其他安置方式的有机结合,形成了一套综合评估体系,通过对比分析不同安置方式的优缺点,提出了针对不同移民群体需求和区域特点的定制化安置方案,有效提升了移民安置的满意度和可持续性。为确保逐年货币补偿及多渠道安置政策的有效执行,研究成果还建立了实施效果评估体系,包括短期效益评估(如移民生活水平改善情况)和长期影响评估(如社会稳定、生态环境、经济发展等),提出了建立持续改进机制,根据评估结果及时调整政策措施,确保移民安置工作始终适应经济社会发展变化的需求。

2. 生产安置实践

从金沙江上游苏洼龙、巴塘、拉哇、叶巴滩、昌波、波罗等水电站确定的移民安置规划方案来看,移民群众主要采取的是逐年货币补偿安置和自行安置两种生产安置方式。

(1)逐年货币补偿安置。逐年货币补偿安置是指对征收的耕地按产值进行逐年货币补偿,由农民自己把所获得的补偿费用于生产生活,对耕地以外的土地还是按照目前的有关政策规定实行一次性补偿,不做具体的生产安置规划,由各村民小组用所得补偿费用自行发展生产。

逐年货币补偿以选择该补偿安置方式的移民户被征收的耕地作为逐年货币补偿安置的计算基础;逐年货币补偿的标准主要依据土地管理法的规定进行测算,并按规定进行调整;逐年货币补偿期限为长期或与水电站运行期一致。

(2)自行安置。根据四川省发展改革委、省移民办《关于我省大中型水电工程移民安置政策有关问题的通知》(川发改能源〔2008〕722号)规定,选择自行安置的移民,发放按规划安置标准计算出的土地补偿费和安置补助费解决生产生活出路问题,费用标准参照集体经济组织的农业安置标准确定。该安置方式有效保障了移民基本生活需要,释放了劳动力,缓解了有土安置的压力,采取平均化的安置水平也普遍被移民所接受。从各个典型项目实践情况看,随着统一年产值标准的提高,自行安置方式实施比例在实施阶段呈上升趋势,移民接受度较高。

3. 实践效果

2010年金沙江上游各梯级电站陆续启动至今,从苏洼龙、巴塘、拉哇、叶巴滩、昌波、波罗等水电站的移民生产安置方案中可以看出,各电站总共5164人中2937人选择逐年货币补偿安置方式,2227人选择自行安置方式(表4.1)。

表4.1　　　金沙江上游各梯级水电站移民生产安置方式汇总表　　　单位:人

序号	生产安置方式	昌波水电站		苏洼龙水电站		巴塘水电站		拉哇水电站		叶巴滩水电站		波罗水电站		合计
		四川	西藏	四川	西藏	四川	西藏	四川	西藏	四川	西藏	四川	西藏	5164
1	农业安置													0
2	逐年货币补偿安置			1002	1126		126	29	232			422		2937
3	自行安置	33	128	75	40	74	160	313	163	46	618	495	82	2227

水电站建设使移民失去了原有全部或部分耕(园)地等土地资源。采用逐年货币补偿安置和自行安置后,移民在今后一段时间内不需从事原来的劳动即可获得一份长期固定的产出,并且闲置的劳动力可进城务工或寻找新的生产和就业门路,不仅加快了城镇化建设,而且进一步拓宽移民收入来源,减少潜在的社会不稳定因素。通过逐年货币补偿安置和自行安置方式可以将农民从土地中解放出来,土地资源的配置不再成为搬迁的制约因素,同时也最大限度地满足移民后靠愿望,可以更方便利用后备资源。

4.2.4　尊重移民意愿,合理拟定移民搬迁安置方案

移民意愿调查在水电工程建设征地移民安置规划中扮演着关键角色,直接关系到移民群众的安居乐业和地区整体和谐稳定。通过有效开展移民意愿调查,真实反映移民群众的意愿,有助于制定科学合理的搬迁安置方案,提高规划可操作性,减少后续设计变更,切实保障移民群众的合法权益,增强移民群众和地方政府的满意度,实现"开发一方资源,造福一方百姓"的目标[15]。在叶巴滩、苏洼龙和拉哇等项目中,移民意愿调查工作取得了良好效果,移民安置规划具有较强的可操作性,未发生大幅度方案调整,其主要做

法如下：

1. 广泛开展移民搬迁安置政策宣传，使移民群众懂政策知程序

针对移民群众关心的搬迁后生产生活方式、收入水平、补偿补助费用等问题，提出以下工作思路：

（1）以藏汉双语形式开展宣传动员工作。移民意愿调查宣传手册、移民意愿调查宣传动员会、移民意愿调查表格均采取藏汉双语形式，让移民群众听得懂、能理解。

（2）公布现行补偿补助标准文件和政策。适当公布现行关于土地、房屋及附属设施、零星林木等移民群众关心的实物指标补偿补助标准和政策。

（3）引导移民群众生产安置以逐年货币补偿安置方式为主，搬迁安置以尽量分散、相对集中安置方式为主。综合考虑移民的宗教社会网络关系和移民对水库淹没线上林业资源依赖大的特点，具备后靠分散安置条件、环境容量充足的区域采取后靠分散安置方式，有助于维持移民群众原生产生活圈、文化圈和信仰圈，最大限度地减少水电移民搬迁对其生产生活的影响。

（4）提前宣传讲解后期扶持政策。根据国务院令第679号文，"水库移民后期扶持资金将按照水库移民后期扶持规划，主要作为生产生活补助发放给移民个人，必要时还可以实行项目扶持。"提前就后期扶持政策向移民群众进行宣传，打消移民群众对于搬迁后生产生活的顾虑。

（5）提供意愿选择咨询指导服务。成立咨询服务指导小组，提供咨询指导服务，以通俗易懂的方式帮助移民群众分析各种生产安置方式和搬迁安置方式的优劣势，根据每户移民家庭具体情况提供指导，帮助移民群众做出相对最优的决策。

2. 强化移民意愿调查工作流程，充分尊重移民安置意愿

目前，水电工程移民意愿调查流程通常为组织召开移民意愿调查座谈会，配合安置方式政策宣传材料，发放移民意愿调查表，由移民群众选择倾向性的生产安置和搬迁安置方式。该工作程序使得移民群众难以充分了解安置政策，容易造成后续安置意愿变化调整，甚至出现安置点建设完成后移民群众反悔的情况。因此，针对移民群众难以根据个体情况、自然条件以及社会经济现实条件做出最优决策的问题，移民意愿调查工作强化后的流程包括以下六个步骤：

（1）制作发放移民意愿调查宣传手册，详细说明生产安置和搬迁安置方式以及各安置方式的适用条件。

（2）召开移民意愿调查工作干部培训会，使村组干部明白移民意愿调查的内容、程序、目的和意义，便于村组干部开展政策宣传动员和政策讲解工作。

（3）村组干部进村宣传动员，由村组干部挨家挨户进行移民安置政策讲解，收集移民群众顾虑问题，让移民群众进一步了解水电移民安置政策，并留有时间让移民群众充分考虑权衡做出最优决策。

（4）召开移民群众答疑座谈会，就村组干部收集到的移民群众顾虑问题进行梳理、讨论，一一进行解答回复，打消移民群众意愿选择存在的顾虑。

（5）召开移民意愿调查工作座谈会，再次对生产安置和搬迁安置方式的适用条件和优缺点进行详细讲解，指导移民群众填写意愿调查表格。

（6）移民意愿调查表格填写和收集。

3. 提前谋划集中安置点选址与规划工作，合理拟定移民搬迁安置方案

移民搬迁安置方式和方案拟订过程中需提前开展集中安置点选址和规划效果图绘制等前置工作，以减少或避免安置意愿反复。针对移民群众关心的安置去向、集中安置点规划与建设、社会关系网络和宗教活动等问题，提出以下工作思路：

（1）提前谋划安置点选址工作。进行安置点选址方案比选，明确搬迁安置去向，充分保障移民群众选择的权利，为移民群众安置方式选址决策提供参考。同时，统筹兼顾安置点选址与移民群众生产生活圈、文化圈和信仰圈，尽可能就近安置，不远迁，不跨乡安置，尽量满足涉藏地区人民对于住房方位和朝向的要求。

（2）集中安置点规划风格突出民族地域特点，运用新技术展现安置点规划效果。适当提高安置点基础配套设施的规划标准，藏式民居房屋结构、装修及附属建筑物突出民族地域特点，综合提升建筑风貌和安置点环境景观。同时，通过地理信息系统、三维空间建模等技术绘制安置点效果图，让移民群众直观感受到安置点位置、规模、布局、功能结构分区、周边环境、内部及外部基础设施配套条件等最终呈现的效果，增强移民群众搬迁后生产生活的信心。

（3）集中安置点综合打造。以苏洼龙水电站为例，规划西运局水泥厂（南戈村）安置304人，安贡公居民点210人，集中安置点及周边区域内具有较多的项目资金倾斜，因此可以保障安置点建设与巩固拓展脱贫攻坚成果和乡村振兴项目相统筹，与地方社会经济发展规划相结合，进行资金拼盘使用，综合打造，提升移民群众的满意程度。

叶巴滩、拉哇、巴塘、苏洼龙4座水电站在移民安置工作中，制作了藏汉双语的移民安置意愿调查表格，由地方政府将调查表发放至每一户移民，调查表主要包括生产安置方式、搬迁安置去向等调查项目。调查工作组逐户对表格中的项目进行调查，调查表格填写后由调查人员、被调查人员、村组负责人、乡镇人民政府代表、县扶贫和移民工作局（现水利局）等单位人员签字认可。调查表格真实反映了移民搬迁和生产安置意愿，生产安置意愿和搬迁安置意愿中面临的疑虑变得更少，增强了规划的符合性。

4.2.5 尊重生活习性，创新集镇和居民点规划理念

1. 打破传统规划模式，创新规划布局理念

传统水电移民居民点规划的特点主要是采用集中布局的规划思路，同时受移民工程的"三原"（原规模、原标准和恢复原功能）原则以及人均建设用地指标控制约束，布局多采用联排布置方式，该模式普遍较适用于平原汉族居住区。而涉藏地区则表现出分散性、低密度、低容积率的布局特点，多为独栋散居，且建筑掩映于蓝天碧水之间，与周边的自然环境融为一体。故传统的规划布局方式并不适用于高山峡谷中的金沙江上游涉藏地区，也不符合当地居民的生活习惯。同时传统的规划设计不太重视宗教活动的空间，公共活动空间也较为狭窄，不能满足涉藏地区群众在日常生活中经常需要开展的宗教和民俗活动的需求。因此在规划布置中，除了重视居住空间的建设外，还应重视公共空间特别是涉及宗教文化活动空间的建设。如苏洼龙水电站角比西安贡公安置点在规划建设中体现了以上布局理念，具体布置见图4.5和图4.6。

2. 依山就势，因地制宜开展场平布置

此种场平模式是涉藏地区居民点布置的常用方式，是以多分台代替大开挖，可以形成较多环境良好的小台地，从而打造低密度的独栋居住空间，如苏洼龙水电站角比西安贡公居民点就是采用两台式场平布局设计。

用地空间有限时，在条件相对较好的区域优先考虑布置居住建筑，条件稍差的开展公共建筑布置，再差一些的则作为基础设施（如道路、广场）用地。如苏洼龙水电站竹巴龙垫高防护区就优先布置了村民住宅，其次再考虑安置政府机关单位，最后考虑道路广场等公共设施。

涉藏地区环境普遍较为严酷，居住安全特别重要，在规划设计时需要特别重视居住安全条件。例如在居民点选址中，要避开泥石流易发区域，避开

活动的断裂带，在具体布局中要预留应急疏散场地，在山体上建设的居民点，应围绕居民点周边建设一条完整的截排水沟渠，防止暴雨过后形成的泥石流对居民点造成冲击破坏。

角比西安贡公居民点的规划平面图见图4.5，居民点建成后的实景见图4.6，四川竹巴龙集镇（建设用地）见图4.7。

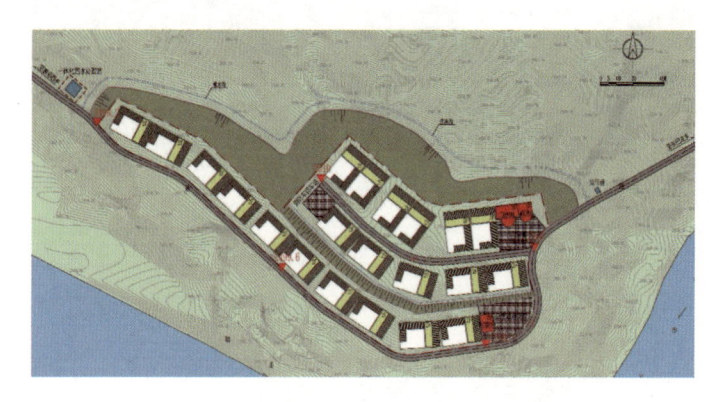

图4.5 角比西安贡公居民点规划平面图

图4.6 角比西安贡公居民点实景图

3. 充分尊重民族生活习惯，重视居民点选址，量身定制移民住宅户型和公共建筑

（1）选址方面。居民点在选址方面主要考虑以下几个因素：①藏族民居所在地区大都是冬春两季较为寒冷的地区，因此藏式建筑的一个重要功能就是发挥采暖保温的作用，大多数房屋都采用正面朝向太阳的南向建筑方式；

75

图 4.7　四川竹巴龙集镇（建设用地）

②藏族地区第二、第三产业相对欠发达，藏民非常重视农业发展，民居选址都会选择与农田相近的地方；③西藏民居具有避风的特点；④水源充足是民居选址的重要支撑条件。

（2）院落方面。藏族居民一般就坡建房，民居大多选址在南向山坡的中下部，沿坡地建房，特别是坡度较缓的坡地，一般采用的是层层后退的方法；院落多为封闭院落，可最大限度利用土地，同时隔断室外污染的入侵，保持院内小气候的良好。藏族房屋多有屋顶平台的特征，平台兼具起居、瞭望、晾晒粮食等功能。

（3）建筑结构方面。藏式民居的平面布置类似于中国传统古建筑，多以柱网结构的多少来指代房屋面积的大小，概括起来，藏式民居具有以下特点：①为了获得更多的采光，一般房屋多采用正方形或进深小开间大的房子；②藏式建筑的房门高度存在稍微偏矮的状况，低的一般有 1.5m，高一点的也只有 1.7m；藏式窗户总体来说具有比较小的特点，一栋建筑的窗户高为 60cm，宽为 40cm。但不论楼房还是平房都有一个共同点，即南面窗户相对宽敞一些；更具特点的是房屋东南角上设"拐角窗"，是为了阳光从两个面照射进来；③方室横厅也是藏式建筑一大特征；④层高较低是藏式民居的另一特色，传统的藏族民居层高普遍较低，一般净高 2.2m，通常不超过 2.8m，层高较低的主要作用是进一步强化保暖；⑤厚重的围护结构也使得民居具有良好的蓄热性能，可以有效抑制室内外温差的剧烈波动。总体来说，藏式房屋具有墙厚窗小，冬暖夏凉的特点。典型的藏式民居其外墙结构平面断面形式如图 4.8 所示。

（4）建筑装修方面。一般为 2~3 层，民居大多采用石结构，形如碉堡，

(a) 平面图

1型外墙断面图　　2型外墙断面图　　3型外墙断面图　　4型外墙断面图

(b) 剖面图

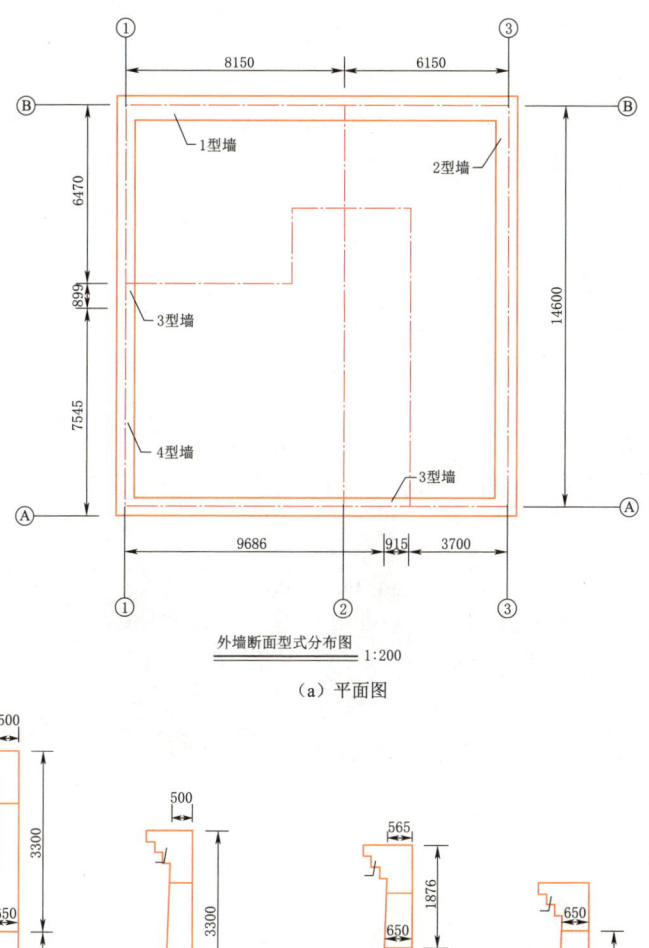

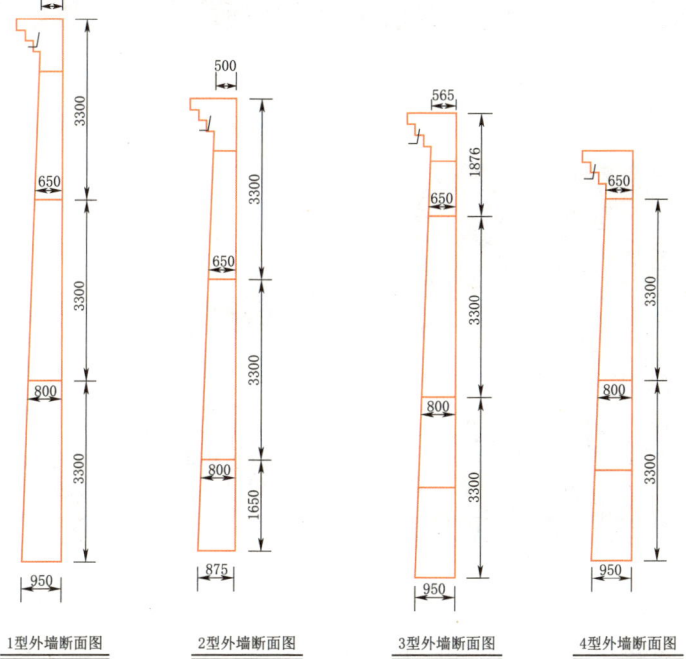

图 4.8　外墙结构平面断面形式图（单位：mm）

建筑色彩朴素协调，基本采用材料的本色，木料部分采用暗红色，整体建筑的墙体下厚外薄，外形下大上小，建筑平面较为简洁，一般为方形。不同楼层的建筑使用功能存在差异，一层多为牲畜圈舍，二、三层用于住人。建筑外部装修朴素，内部装修则相对华美。金沙江上游地区典型的藏式民居其外立面及内部装修图集参见图 4.9；公共建筑在建筑装修方面，特别要重视保留藏族传统文化符号。例如安贡公居民点公共建筑主要有村委会等建筑，村委会的建筑风貌是在传统砖混结构房屋的基础上，在外立面及内部装修上体现藏式建筑风貌特色，村委会的设计效果图参见图 4.10。

(a) 外观　　　　　　　　　　(b) 室内装修

图 4.9　藏式房屋外观及室内装修图集

图 4.10　角比西安贡公居民点村委会设计效果图

（5）建筑户型方面。住宅户型布置需与藏民传统生活习俗相结合。新规划的藏居户型应该考虑到一些重要设计元素，例如第一层设有向院外开的窗户，同时在楼梯休息平台下增加卫生间的设计。这种"厕所革命"在很大程度上改善了涉藏地区环境卫生条件，提升了村庄的整洁美观程度，也提高了村民的生活品质，同时对于优化西藏旅游环境、加快生态文明建设、构建世界旅游目的地和提升城乡文明形象也具有重要意义。在第二层，除了设有卧室、客厅客房、厨房等功能外，还布置了专门的经堂用于供奉神佛。经堂应设计宽敞华丽，装饰精美，可供奉祖传文物和吉祥信物。而民居的第三层通常用来存放粮食和杂物，这一层不进行彩画装饰。顶部建造结实平展，用于晾晒粮食，同时也作为凉台和观景平台。在装修风格上，主要采用白墙红窗的康巴白色藏房风格。这样的设计既体现了传统文化，也符合现代居住需求，整体风格与环境协调统一。

根据居民点周边民居特色，设计采用藏式窗套、柱式以及代表藏式元素的彩绘，着力体现藏式建筑独特的魅力。结合当地气候条件，屋面采用平屋面，屋面女儿墙装饰藏式风格的檐口。居民点各户住宅建设控制在2～3层，如角比西安贡公居民点 400m^2、350m^2 住宅户型选择均体现了藏式民居平面布置的要求与特点[17]。

1）400m^2 宅基地户型（一）。户型宅基地为 16m×25m，建筑面积 375.12m^2，其中第一层主体建筑面积 165.7m^2，走廊面积 21.86m^2，第二层面积与第一层相同；建筑高度 7.2m，室内外高差 0.6m。

第一层平面：本层主要作为居住空间，设有客厅、储藏间和两个居住空间，卫生间在楼梯平台下方布置，根据藏民房屋特点，客厅、卧室和中间设有加强柱。建筑主体之外有外廊连接院落与居住空间，室内外高差 0.6m，四级台阶能体现主体建筑的高大伟岸形象。建筑整体布局紧凑，利用率较高，其平面布置如图 4.11 所示。

第二层平面：作为主要居住空间，本层平面布置主要考虑日常生活需求，最大程度整合空间，方便生活使用。单独设置佛堂，起居室与佛堂处于同一空间，方便日常活动。

2）400m^2 宅基地户型（二）。该户型与户型（一）空间布局相同，第一层使用功能不同，第二层作为居住空间。第一层主要作为生产仓储空间，设有畜圈，可用于牛羊等家畜的饲养，单独设置草料间和仓储间，满足生产需求。为方便牛羊的饲养，室内外高差为 0.15m。第二层空间可以满足日常生活需求。各层平面布置如图 4.12 所示。

3）350m^2 宅基地户型。该户型宅基地为 16m×21.8m，建筑面积 375.12m^2，其中第一层主体建筑面积 165.7m^2，走廊面积 21.86m^2，第二层

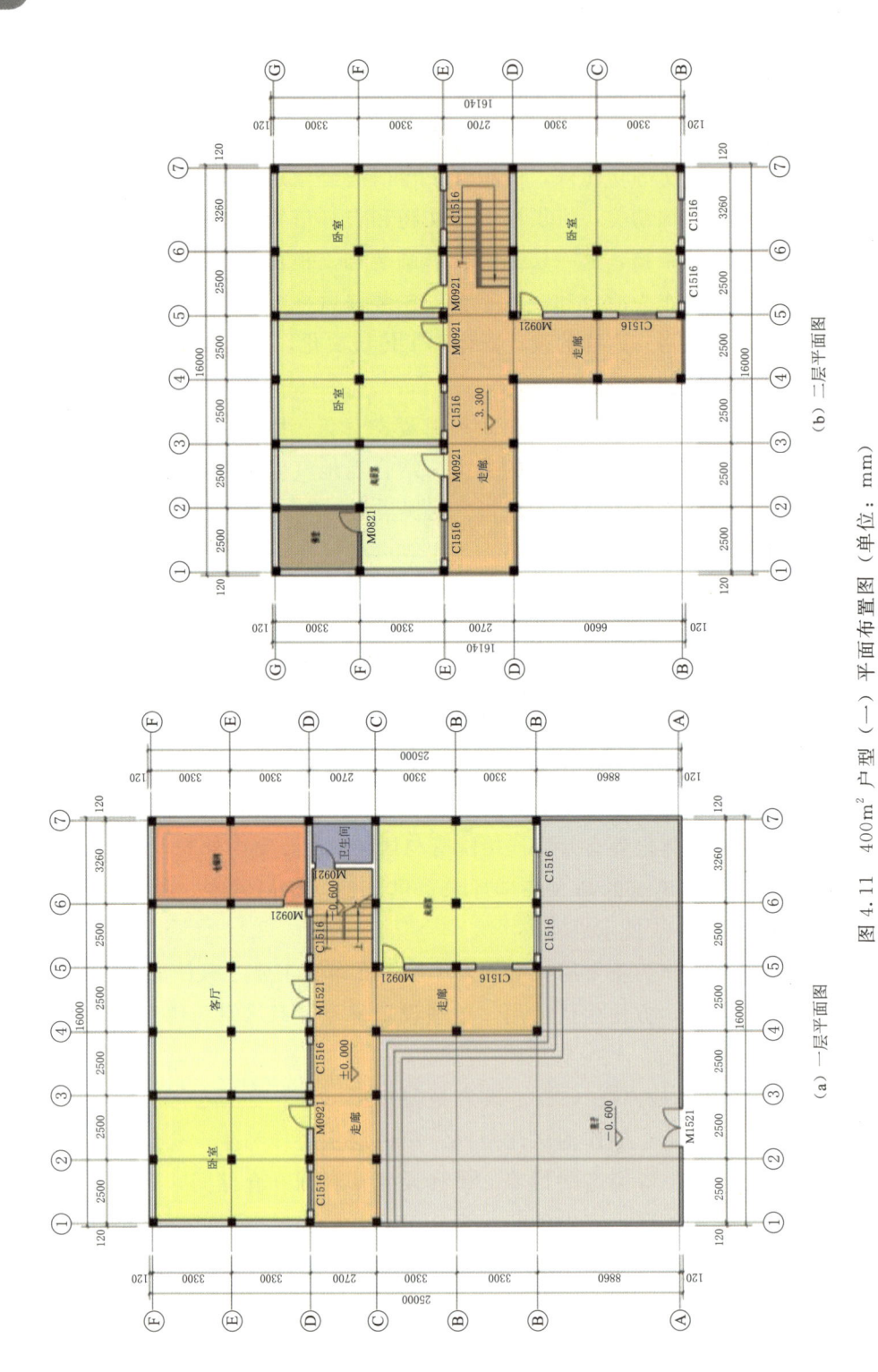

图 4.11 400m² 户型（一）平面布置图（单位：mm）

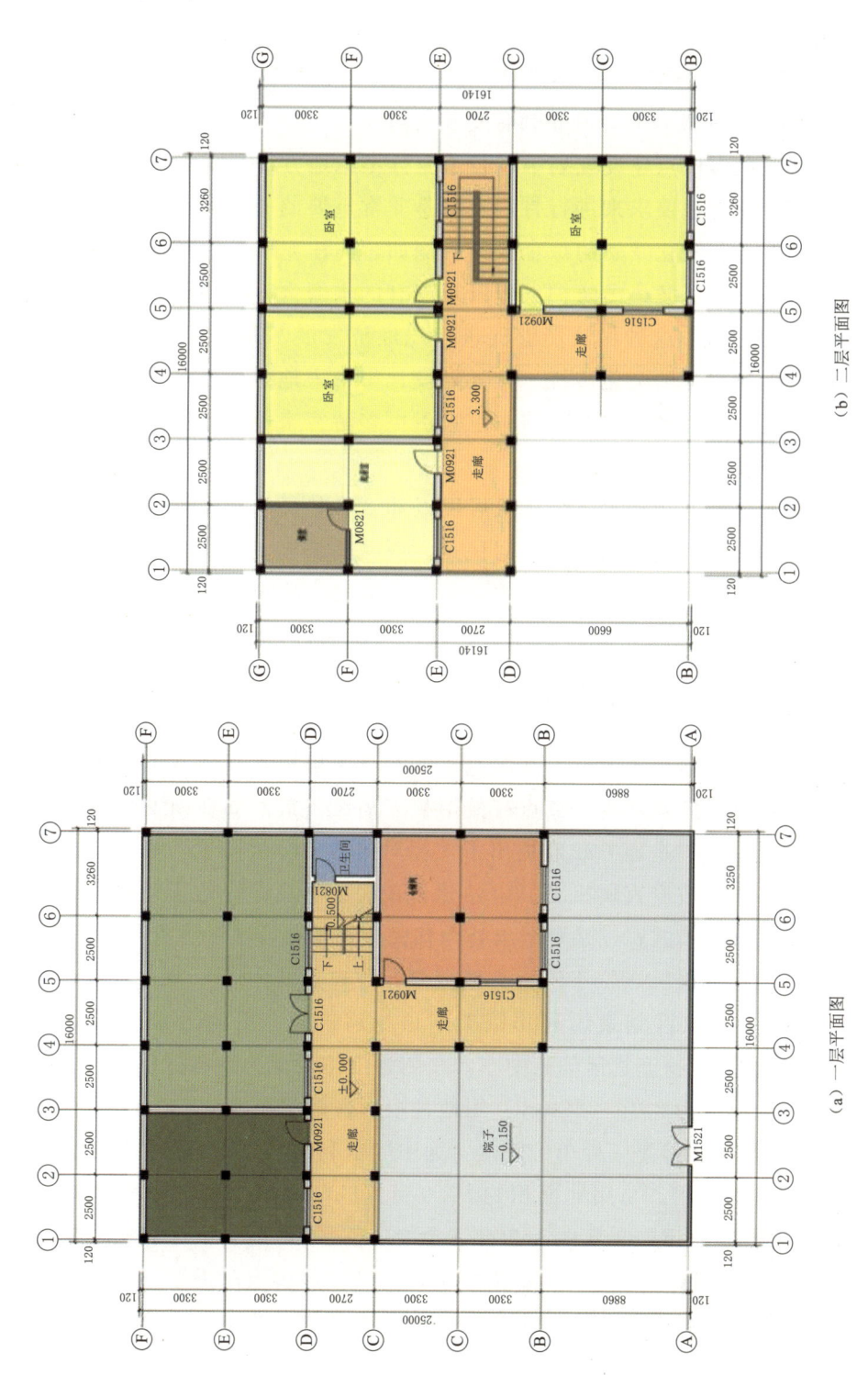

图 4.12 400m² 户型（二）平面布置图（单位：mm）

面积与第一层相同;建筑高度7.2m,室内外高差0.6m。建筑布局与400m²宅基地布局相同。

4. 结合地方发展规划,科学预留发展空间

在涉藏地区居民点建设规划中,必须充分考虑地方产业规划并结合地域风貌和民族文化特色要求来进行打造。这是非常重要的一个环节,能够实现当地经济、社会和文化发展的综合效益。例如,苏洼龙水电站新建的南戈村西运局居民点、竹巴龙垫高防护工程以及现有的水磨沟村规划设计,结合了地方旅游发展现状。这种做法能够促进当地经济发展,提升居民生活水平,同时保留和弘扬当地的文化传统。在规划设计中融入地方产业,可以为当地提供就业机会,创造经济效益,同时也吸引更多游客来此地旅游,促进地方文化的传播和发展。

苏洼龙水电站共规划了2个移民居民点和2个垫高防护集镇区,包括西藏的角比西居民点、四川的南戈村居民点、西藏的朱巴龙垫高防护区、四川的竹巴龙垫高防护区。在实施过程中,角比西居民点完全按照规划实施,南戈村居民点由原来的原址抬高复建变更为在县城周边西运局单独择址新建,四川的竹巴龙垫高防护区和西藏的朱巴龙垫高防护区均结合了G318的旅游开发。

(1) 南戈村西运局居民点。苏洼龙水电站移民居民点规划既考虑了民族特色,又作为318旅游环线的节点有效衔接了后续发展。如在南戈村西运局居民点的建设中,一是地方政府提出了"相对集中的分散安置"模式;二是政府主导,各方(政府直属机关、电站建设单位、移民综合监理、移民综合设代)参与的建设模式;三是资金出处为移民搬迁基础设施补偿费。

南戈村西运局居民点位于巴塘县城南侧,距离县城中心4.1km,距离南戈村约69km,行政区划隶属夏邛镇架炮顶村道冉组。用地西邻G318,隔G318为巴塘县东藏物流货运信息中心,东侧为山体,南为茶雪村村庄,北为庄稼地。用地海拔为2510~2540m。用地呈矩形,南北平均长420m,东西平均宽160m。用地中部是一处单位院落,为中国水利水电第九工程局有限公司巴拉公路项目部租用。总用地面积约83.6亩(55733m²),其中经济林约52亩,灌木林约30.4亩,宅基地1.2亩(含2栋房屋),地表估计有核桃树约2000株。用地中部有一条10kV线路穿越,在建设居民点时需要迁建。该用地属于2003年退耕还林地,且属于巴塘县城市总体规划远期发展用地[18]。该居民点现状及规划详见图4.13。

南戈村居民点由后靠安置调整为县城周边安置，调整原因除原安置点生产生活条件不方便之外，接近县城还可以充分利用G318这一号称中国最美景观大道的地理优势，打造一个集住宿接待、休闲及城南名片的具有民族特色风貌的居民点，建成后效果见图4.14。

（2）竹巴龙垫高防护工程。竹巴龙垫高防护工程在空间布局上让利于百姓，将位于垫高区且地段基础稳定、地形平整、地块规整较好的地段优先让老百姓建房；村庄整体功能布局响应新农村建设要求，充分考虑地段区位优势（竹巴龙位于四川入藏第一站），充分按照全域旅游、打造地方民族文化特色的要求进行规划设计。竹巴龙集镇垫高前现状及规划、实施效果分别见图4.15～图4.17。

图4.13　南戈村西运局居民点现状

图4.14　南戈村西运局居民点建成后效果

图4.18、图4.19所示为竹巴龙集镇上游20km处水磨沟村的旅游开发效果。图4.20所示为金沙江上游苏洼龙库尾段居民点结合G318旅游建设效果，从上游至下游，依次形成"西运局居民点—水磨沟特色风貌区—竹巴龙进藏第一村"的旅游线路，三个景观节点通过抬高复建的G318串联后，形成了贯穿苏洼龙库尾段的黄金旅游线，带动了当地村民第三产业尤其是旅游服务业的发展，提升了村民收入，打造了涉藏地区的名片，实现了水电站顺利建设与村民增收的双赢效果。

图 4.15　竹巴龙集镇垫高前地貌现状

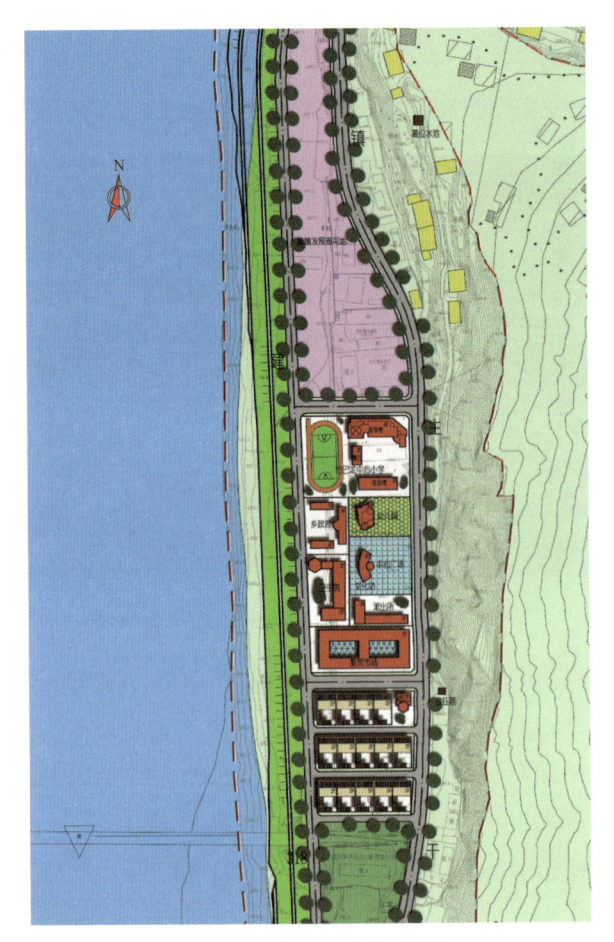

图 4.16　竹巴龙集镇规划

图 4.17　垫高防护工程结合 G318 建设

图 4.18　水磨沟服务区巨幅壁画

图 4.19　水磨沟村温泉驿站

图 4.20　金沙江上游苏洼龙库尾段居民点结合 G318 旅游建设效果

4.2.6　兼顾地方发展，合理确定移民工程复建标准

金沙江上游水电建设区包括叶巴滩、拉哇、巴塘以及苏洼龙等水电站用地区，涉及移民集中安置点、集镇新址、交通、电力、通信等移民工程复建项目，以上项目及配套设施建设极大地改善了当地的基础设施。在移民安置规划过程中，需要将地方经济发展与移民工程有机衔接，实现电站与地方经济建设的双赢。这种有机衔接可以通过合理规划和布局移民工程，促进当地经济多元化发展，创造更多的就业机会，最终达到提升当地居民生活水平的目标。同时，保障移民安置地的基础设施建设和发展与水电站建设的协同进行，有利于实现区域发展的整体升级，推动当地社会经济的可持续发展。综合规划和管理移民工程，与地方经济发展相互促进，是实现共同繁荣与发展的重要手段。

1. 衔接行业发展规划，合理确定 G215 的复建标准

G215 苏洼龙段的建设是落实《2013—2030 国家公路网规划》和对西部综合交通枢纽的完善，是贯彻国家相关扶贫政策的重大决策，是落实国家民族宗教政策、支持民族地区经济建设、实施西部大开发的重要举措；是支持国防建设、稳藏安康、保障战备的重要举措；对加强内地与西藏的联系、促进民族地区全面发展、开发甘孜旅游资源、发展民族地区经济具有十分重要的意义；有利于实现项目区域内经济跨越式发展；有利于完善项目区内网络布局；有利于提高公路抗灾能力，提升路网服务水平和保障能力；有利于促进项目区的旅游、矿产、人文资源开发；有利于提高少数民族地区生活水平，维护民族团结。

G215 苏洼龙段是实现川西地区出川进藏入滇的主要通道，该项目的建成成为实现四川省西部综合交通枢纽规划提出的"建立贯通南北、连接东西、通江达海抵边，承接华南华中、连接西南西北、沟通中亚东南亚的陆海空桥梁、进一步改革开放、加速融入世界"这一战略目标承上启下的重要一环。

苏洼龙水电站建设征地涉及的竹茨公路为四级公路，四川省将 G215 规划为三级公路。在技术协调方面，在开展规划大纲工作时，北京院开展了四级公路技术标准、四级公路技术标准（桥隧三级）、三级公路技术标准、三级公路技术标准（桥隧二级）；同时四川省交通运输厅公路规划勘察设计研究院（以下简称"省公路院"）开展了三级公路技术标准、三级公路技术标准（桥隧二级）、二级公路技术标准设计，北京院积极与省公路院开展技术对接，从方案、标准、路线、投资等方面进行了沟通协调，对各个方案的差异优劣进行梳理。

为合理确定等级公路复建标准提供技术支持同时兼顾地方经济发展，金沙江上游水电开发领导协调工作组（两省级）、金沙江上游水电开发协调办公室（甘孜州）多次组织会议协调。2014 年 12 月 28 日，项目业主与甘孜州政府等部门以《甘孜州人民政府研究金沙江上游苏洼龙水电站建设公路复建项目有关事宜的会议纪要》达成共识，竹茨公路复建衔接 G215 建设，建设标准采用三级公路技术标准（桥隧二级），方案采用省公路院的三级公路技术标准（桥隧二级），G215 苏洼龙段造价估算为 21.487 亿元（该投资为 44.331km 的总投资），平均每千米造价为 4846.96 万元，项目建设资金由项目法人出资 17.3 亿元，其余资金由甘孜州人民政府筹措。同时，项目法人将积极配合甘孜州人民政府向国家和四川省申请配套资金,并将申请到的资金全部用于 G215(竹苏段)该路段的建设。

在规划大纲审查时,原四川省扶贫移民局协调四川省交通运输厅、省公路院同步审查 G215(苏洼龙库区段)的可行性研究报告(交通行业),同步出具公路审查意见和规划大纲审查意见。2014 年 12 月 3 日,水电总院会同四川省扶贫移民工作局在北京主持召开了《金沙江上游苏洼龙水电站建设征地移民安置规划大纲》审查收口会议,并以水电规库〔2014〕92 号文同意该规划大纲;2014 年 12 月 12 日,四川省交通运输厅以《四川省交通运输厅关于印发 G215 甘孜境金沙江苏洼龙水电站库区淹没影响段复建公路工程可行性研究报告审查意见的通知》(川交函〔2014〕771 号)转发了审查意见;2015 年 1 月 12 日,四川省人民政府以川府函〔2015〕5 号文对规划大纲进行了批复。

在规划报告审查前,苏洼龙水电站主体设计单位的移民专业、路桥专业参与了由四川省交通厅组织的 G215(苏洼龙段)的初步设计报告审查,根据审定成果,将 G215(苏洼龙段)的初步设计成果以附件形式纳入规划报告。在召开规划报告审查时,原四川省扶贫移民局邀请了四川省交通运输厅、甘孜州交通局、省公路院参加会议。

G215 苏洼龙段采用三级公路技术标准,设计速度 30km/h,桥隧设计速度采用 40km/h,路基宽度 7.5m,路面宽度 6.5m,在特殊防护结构物(抗滑桩、锚索、框架梁、桩板墙等)路段路基宽度按照 8.5m 预留,采用沥青混凝土路面。该项目路线起于巴塘的金沙江大桥左岸桥头(西藏界),路线沿金沙江左岸山腰内侧布设较原有 XV07 线高 30~60m,经呷亚龙、岗打、南戈村后,止于苏洼龙乡下游 2km 处。路线全长 45.038km,新建大中桥 4072m(31 座),新建隧道 13394m(15 座),桥隧比为 38.8%,复建措施详见表 4.2~表 4.4。具体资金筹措方案以业主同甘孜州政府签订的正式协议为准。

表 4.2　　　　G215 苏洼龙段建设标准及主要技术指标一览表

序号	项目	现状标准	建设标准
1	G215 苏洼龙段道路部分	四级公路:路基/路面宽 6.4m/5.9m,设计速度 20km/h,沥青混凝土路面	三级公路:路基/路面宽 7.5m/6.5m,在特殊防护结构物(抗滑桩、锚索、框架梁、桩板墙等)路段路基宽度按照 8.5m 预留,设计速度 30km/h,沥青混凝土路面

续表

序号	项目	现状标准	建设标准
2	桥梁	桥宽净-6.0m+2×0.5m，汽车-20级	桥宽净-8.0m+2×0.5m，设计速度40km/h，公路-Ⅰ级
3	隧道	—	隧道建筑限界9m×5m 设计速度40km/h

表4.3　　　　　　库区淹没乡村道路复建措施一览表

序号	项目	现状等级	复建措施
1	库区右岸通村公路	机耕道，库区右岸分段建设（级配碎石路面）	农村公路（参照四级公路单车道），库区右岸全线建设（沥青混凝土路面）
2	达嘎顶与库区淹右岸通村公路连接道路	机耕道（级配碎石路面）	四级公路单车道（沥青混凝土路面）
3	贡扎西与库区淹右岸通村公路连接道路	机耕道（级配碎石路面）	四级公路单车道（沥青混凝土路面）
4	自龙达大桥连接道路	机耕道（级配碎石路面）	四级公路单车道（沥青混凝土路面）

表4.4　　　　　　跨江桥梁复建措施一览表

序号	项目	现状等级	复建措施
1	索多西吊桥	悬索桥（桥宽净-2.5m+2×0.25m；设计荷载：单车3t）	不再单独复建，其功能由下游永久大桥替代
2	需聋隆吊桥	悬索桥（桥宽净-2.5m+2×0.25m；设计荷载：单车3t）	不再单独复建，其功能由下游永久大桥替代
3	角比吊桥	悬索桥（桥宽净-2.5m+2×0.25m；设计荷载：单车3t）	角比西大桥（角比西桥位、洛益桥位；预应力混凝土连续刚构桥；桥宽净-6.0m+2×0.5m；设计荷载：公路-Ⅱ级；角比吊桥、洛益吊桥合并复建）
4	洛益吊桥	悬索桥（桥宽净-2.5m+2×0.25m；设计荷载：单车3t）	
5	自龙达吊桥	悬索桥（桥宽净-2.5m+2×0.25m；设计荷载：单车3t）	悬索桥[桥宽净-2.5m+2×0.5m；设计荷载：人群荷载标准值2.5kN/m²，限载单车30kN（两轴）]

同时，库区复建 3 条乡村道路，分别为归哇村与 G215 苏洼龙段连接道路、呷顶村与 G215 苏洼龙段连接道路、贡巴村与 G215 苏洼龙段连接道路，其中归哇村、呷顶村与 G215 苏洼龙段连接道路列入 G215 整体设计（归哇村连接路位于归哇村口、呷顶村连接路位于呷顶村口）。贡巴村与 G215 苏洼龙段连接道路长度 0.76km，该路段位于原洛绒居民点处。

工程完全结合了国家规划，G215 库区复建段建设全部按照批复的等级标准开展实施，现已全线完成施工并通过验收移交，大大改善了 G215 沿线地方交通基础设施，助力了地方经济发展（图 4.21）。

图 4.21　G215 复建示例

2. 兼顾地方经济发展，科学规划便捷、安全的库周交通

金沙江上游地区基础设施薄弱，针对库周交通薄弱的情况，叶巴滩、拉哇、巴塘、苏洼龙等水电站在开展交通规划时，结合地方经济发展，科学统筹并规划库周交通，最大限度地实现交通网络的搭建，以改善当地的交通条件。

苏洼龙水电站库区交通复建工作依据库区现有桥梁功能及复建规划桥梁功能分析结果开展，为保障和改善居民出行条件，库周交通复建采用路桥结合方式开展复建规划。沿库区右岸全线修建库区右岸通村公路，索多西吊桥、需聋隆吊桥不再复建，其功能由苏洼龙水电站下游永久大桥和改善的库区右岸通村公路替代，复建角比西大桥（农村公路桥）替代原有角比西、洛益吊桥的功能，复建自龙达大桥（悬索桥）替代原有自龙达吊桥的功能。

（1）为完善库区路网，促进地方发展，开展了库区右岸通村公路建设。该公路位于芒康县朱巴龙乡及索多西乡境内，用于连接库区右岸线外村组及贡扎西分散居民点、安贡公居民点，与复建跨江大桥、G318复建公路连接。根据库区现有桥梁功能及复建桥梁功能分析，为保障并改善居民出行条件，该公路沿库区右岸全线复改建形成环库公路。该公路采用农村公路（参照四级公路单车道标准设计）技术标准，起点为芒康县西曲河平安桥右岸桥头，终点为芒康县索多西乡索多西沟，终点接入苏洼龙水电站2号公路。该公路是库区右岸居民日常出行的交通通道，路线长47.98km，路基宽4.5m，路面宽3.5m，沥青混凝土路面，全线无隧道。

（2）规划达嘎顶与库区右岸通村公路的连接道路，用于恢复现有乡村道路功能，该连接道路经库区右岸通村公路与G318复建公路连接，也可经库区右岸通村公路、角比西大桥与G215（XV07复建公路）连接，是达嘎顶及附近村组居民日常出行的交通干道。根据"三原"原则，为改善交通出行条件、完善库区路网，道路采用四级公路单车道技术标准，起点为库区右岸通村公路，终点接入现有连接道路。路线长0.4km，路基宽4.5m，路面宽3.5m，沥青混凝土路面，全线无桥梁、隧道。

（3）规划贡扎西与库区右岸通村公路的连接道路，用于恢复现有乡村道路功能。该连接道路经库区右岸通村公路与G318复建公路连接，也可经库区右岸通村公路、跨江桥梁与G215（XV07复建公路）连接，是贡扎西及沟内村组居民日常出行的唯一交通通道。根据"三原"原则，为改善交通出行条件、完善库区路网，道路采用四级公路单车道技术标准，起点为库区右岸通村公路，终点接入现有连接道路。路线长0.2km，路基宽4.5m，路面宽3.5m，沥青混凝土路面，全线无桥梁、隧道。

（4）规划角比西大桥替代原有角比西、洛益吊桥功能。该大桥为安贡公居民点、角比西沟内、贡扎西及其沟内村组、洛益组及附近村组过江通道。附近村组居民可经库区右岸通村公路至角比西大桥过江。为满足并改善居民出行条件，促进地方经济发展，同时结合角比西安置人口及附近村组人口规模，大桥设计汽车荷载等级采用公路-Ⅱ级。

西索路是芒康县境内沿金沙江的沿江公路（朱巴龙乡、索多西乡境内的沿江公路）的一部分，占整段公路的60%。西索路的建设加快了沿江公路的施工，现沿江公路及角比西大桥已全部完工通车，极大改善了当地库周交通条件（图4.22）。

图 4.22　G215 与西索路连接桥梁（角比西大桥）

3. 积极响应地方旅游发展规划，合理提升 G318 复建公路旅游和景观等附属设施

在金沙江上游水电移民安置工作过程中，四川省甘孜州制定了《中国最美景观大道——G318 川藏世界旅游目的地（四川段）规划》。该规划旨在将 G318 公路甘孜州段打造为"自然、原生态、多样化"的旅游胜地，借鉴世界最美景观大道的定位。规划致力于建立自然、自由、自助的旅游体验通道，在道路的线性布局和附属设施规划上，考虑与金沙江段高原宽度景观的协调性。沿道景观应形成有机结合的"点-线-面"设计，以打造国际旅游形象，塑造最美景观大道的形象。为实现上述目标，规划设计过程中需积极响应"交通＋旅游"融合发展的要求。鉴于项目路线短，沿途村镇稀少，规划工作需重点关注"人文和自然相得益彰、公路和风景有机融合、旅游和出行相辅相成"。规划设计中，从以下几个方面展开了相应工作：

（1）路线平纵面设计充分考虑骑行人员通行能力，尤其控制路线纵坡，全线纵坡超过 3% 的路段仅 3 处，且坡长短，均未超过 280m。

（2）路基横断面设计尽量形成平台，拓展旅游功能。利用弃土场、路基外侧开挖成平台等方式，形成停车区及观景台。利用填方路基内侧填平，增加平台区域，为骑行停车提供避让平台。

（3）加强交通安全设施设计，考虑该项目距离水库较近、通过合理设置护栏、标志等措施，保证旅游人员、车辆安全。

（4）采用多样化绿化景观措施、增加川藏交界景观石碑等，打造小型旅游风景。

（5）在金沙江大桥增加相应的灯光设施、景观展示牌、景观石等，把金沙江大桥作为 G318 从川入藏的标志性建筑，为旅游打卡提供平台。

现 G318 已完成建设，在沿途设置了 6 处停车区和观景平台，复建段全程设置了护栏，并依托地势地形增加红色壁画等设置，在金沙江大桥增加灯光设施、景观展示牌、景观石等。该复建段已成为 G318 旅游的风景线，并成为新的金沙江大桥旅游网红打卡地。

4. 积极响应美丽乡村建设，打造宜居居民点

为了落实党的十八大报告、党的十八届三中全会、2013 年中央一号文件《中共中央 国务院关于加快发展现代农业进一步增强农村发展活力的若干意见》、2014 年 3 月《国家新型城镇化规划（2014—2020 年）》和西藏自治区、四川省及各市分别提出的美丽乡村建设指导意见，移民居民点规划设计遵循了《关于推进社会主义新农村建设的若干意见》，并结合昌都市美丽乡村建设标准规划居民点。规划安贡公居民点通过西索路向上下游出行，通过角比西大桥与 G215 相连接，规划安贡公居民点外部供水工程、污水处理站、垃圾收集池等，新建 10kV 输电线路，实现"大网供电"；新建角比西基站，实现网络全覆盖，同时按照昌都市美丽乡村建设指导意见配置村委会及其他公共设施。

安贡公居民点现已全部建设完成，移民全部搬迁入住，改变了角比西村角比西组以前依靠人行路和吊桥的历史，移民既可通过角比西大桥进入 G215 出行，也可通过西索路出行；新建 10kV 输电线路实现了居民点大网供电，保障率提高；新建角比西基站改变了角比西无网络的历史；新建安贡公外部供水工程、污水处理站、垃圾收集池，实现了相应基础设施的从无到有。同时，还配置了村民活动广场和村委会活动中心等设施，大幅改善了公共服务。

5. 积极响应"五彩藏乡"旅游规划，打造特色旅游集镇

为落实 2013 年中央一号文件《中共中央 国务院关于加快发展现代农业进一步增强农村发展活力的若干意见》、2014 年 3 月《国家新型城镇化规划（2014—2020 年）》和《中国最美景观大道——G318 川藏世界旅游目的地（四川段）规划》等要求，在四川巴塘县竹巴龙集镇处理中，积极响应"五彩藏乡"等旅游规划，打造特色旅游集镇。

西藏芒康县朱巴龙集镇淹没较浅，具备防护条件，同时为便于配合芒康县规划打造朱巴龙打旅游小镇，规划对朱巴龙集镇部分建设用地进行垫高防

护，朱巴龙垫高防护区范围为：上起朱巴龙卫生院南侧约40m，下至淹没的金沙江新桥右岸桥头附近，防护面积约21亩，由芒康县负责将朱巴龙下游检查站至上游朱巴龙乡政府连成一片，统一规划、统一建设旅游小镇。现芒康县已完成朱巴龙防护工程上游部分防护，实现了朱巴龙乡政府至金沙江大桥的连片集镇，形成了连片统一规划。

同时为配合甘孜州关于G318国道旅游规划、巴塘县"五彩藏乡"——"金沙古渡"规划，G318国道在竹巴龙集镇段的原址抬高复建，竹巴龙集镇全部采取防护。四川巴塘县竹巴龙集镇防护区治理范围为：北起格隆沟口下游20m处，南至金沙江新桥左岸桥头，治理河段长度1.28km。护岸线在平面上顺直布置，护岸线总长度为1414m，其中，移民居民点防护段位于防护区中部，新修护岸长度为162m；两处农田防护区分别毗邻居民点南北两侧，北侧农田防护区新修护岸长度为652m，南侧农田防护区新修护岸长度为600m，总长1252m。居民点防护区迎水面护岸型式为"斜坡式护岸＋重力式挡墙"组合断面，农田防护段护岸临水段均采用斜坡式护岸防护。规划对竹巴龙（四川巴塘）集镇区域淹没较浅的区域进行垫高防护，防护耕地面积约100亩，建设用地约25亩。集镇区主要涉及规划范围内的行政机关和企事业单位。下游区预留广场规划区，设想打造长江第一漂文化展示区和特色水果、工艺品等旅游商品展示中心。上游农田区同时被规划为竹巴龙生态休闲旅游新村的发展用地。周围广场区域可布局游客服务站、停车场、旅游厕所等服务设施。在格垄沟口防护工程的位置预留了未来发展空间，计划用作巴塘县后期规划的高端水上运动基地和码头。根据巴塘县的旅游规划和居民意愿，在上游和下游农田区，计划发展旅游接待、休闲娱乐以及以修车服务、商贸物流为主的服务业。同时，设置游客服务站、停车场、旅游厕所和交通指示牌等基础设施。

目前，竹巴龙防护工程已经全部完成，采用了"斜坡式护岸＋重力式挡墙"组合结构，形成的马道可为未来集镇旅游提供临水平台。集镇农田一区和二区被规划为未来旅游发展用地，将为旅游业提供支持。位于上游地区的竹巴龙生态休闲旅游新村已经初步建成。

6. 贯彻国家数字经济发展理念，为地方数字经济赋能

根据《关于推进电信基础设施共建共享的实施意见》提出的新建杆路、铁塔需共享，在电信线路和基站复建方案中，结合通信功能恢复需求，充分征求四川、西藏的移动、联通、电信公司，以及四川、西藏的中国铁塔公司

意见，复建方案中充分结合共建共享。

在 G318 国道路段，沿水磨沟至竹巴龙金沙江大桥段新建一条共建共享干线通信杆路，该部分路段全长 18km，通信杆路路由长度为 22km，由四川移动、四川电信、西藏移动三家公司共建共享。在 G215 省道路段，沿竹巴龙金沙江大桥至苏哇龙乡苏哇龙村新建一条共建共享的干线通信路由，由通信杆路、管道光缆、直埋光缆和槽道光缆路由组成，该路段全长 45km，光缆路由总长度为 52km，由四川移动、四川电信、西藏移动三家公司共建共享。其中架空光缆路由 23km（含水泥杆引上安装等处管道光缆约 2km）；公路隧洞 17 处需敷设槽道光缆路由约 18km；在不适宜架空敷设的路段采用沿着公路边沟直埋光缆敷设，路由共计约 11km。由于西藏移动在中途跳线过金沙江，因此对于西藏移动来说，该段干线路由总长度为 48km，其中架空路由 21km（含管道光缆约 2km），槽道光缆 16km，直埋光缆 11km。

新建角比西基站、复建竹巴龙基站和拉扎西基站，按照西藏移动、四川移动配置基站设备，并预留其他通信公司设备位置。

借助通信设施的复建和新建，成功实现了苏洼龙全库区以及巴塘、拉哇、叶巴滩移民安置区的全面网络覆盖。随着数字经济的不断发展，库区产业和广大移民的就业机会日益多元化。通过利用抖音、京东、淘宝等网络平台，开展直播带货和网络零售等新型电子商务模式，结合当地基础设施的改善，成功实现了新鲜松茸、虫草以及牦牛肉等产品在网络上季节性热销。同时，邮政和顺丰快递也设立了季节性的新鲜货品快递专线，确保新鲜松茸、虫草、牦牛肉可以在一天内送达成都。借助成都货运高铁和航空运输专线，这些产品再被销往全国各地。同时，通过网络销售各种涉藏地区特产、民族服饰、文化首饰等，打造了多个网红品牌，促成了一批个体网络经营者的成功创业。这些措施有效地增加了农户的收入，助力了涉藏地区数字经济的发展。

7. 积极响应地方电力发展规划，提高库区移民用电保障率

苏洼龙水电站西藏部分的规划新建 10kV 输电线路，解决安贡公居民点、贡扎西分散居民点和洛日西、洛益西非搬迁安置居民点用电，以及安贡公居民点水厂用电。该段线路为芒康县朱巴龙至索多西规划线路中的一部分。同时新建线路和复建线路已全部进入国网大电网，全部取代了小水电和孤网供电模式，大大提高了库区移民用电保障率。

4.2.7 严守政策底线，统筹协调移民安置补偿政策

金沙江上游 4 座水电工程建设涉及了四川、西藏两省（自治区），在实施

过程中，两省（自治区）严格执行各自已有的政策，没有规定的尽量考虑对其协调一致。例如，四川、西藏两省（自治区）均颁布了各自的区片综合地价相关文件，在移民安置过程中，若出现同一电站涉及两省（自治区）的情况，则严格执行各自颁布的政策。

四川、西藏两省（自治区）移民安置政策差异主要表现在两个方面（表4.5）：

（1）移民安置相关政策的完善程度不同。西藏针对水电移民的专门系统性的政策文件较少，而四川有包括《关于我省大中型水电工程移民安置政策有关问题的通知》（川发改能源〔2008〕722号）、《关于大中型水利水电工程移民安置规划大纲和移民安置规划编制工作的意见》（川移发〔2007〕23号）在内的多个政策文件。

（2）金沙江上游川藏段涉及的西藏部分未颁布地上附着物及青苗补偿费的相关政策文件，而四川省和甘孜州已经颁布了相关文件对房屋、附属设施、林地林木、零星林木、青苗补偿费等补偿标准作了明确规定。对于此类情况，为考虑同一库区川藏平衡的问题，通常西藏部分参照四川部分政策标准执行。

表4.5　四川、西藏建设征地移民安置补偿补助标准差异对比分析表

序号	项目	四川政策		西藏政策	
		政策文件名称	相关补偿补助标准条款	政策文件名称	相关补偿补助标准条款
一	补偿补助项目				
1	土地补偿补助费				
1.1	土地补偿补助标准	《四川省〈中华人民共和国土地管理法〉实施办法》（1999年12月实施）	第四十条：（一）征用耕地的土地补偿费为六至十倍，征用其他土地为征用耕地的土地补偿费的一半；（二）征用耕地的安置补助费为四至六倍，征用其他土地为征用耕地的安置补助费的一半。四川土地补偿费及安置补助费：耕地按16倍，其他土地按8倍	《西藏自治区实施〈中华人民共和国土地管理法〉办法》（1999年实施）	第三十三条：（一）征用耕地的补偿费为8～10倍；（二）非经济林按耕地产值的4～5倍；（五）征用未利用地按邻近耕地产值的2倍。第三十四条：（一）征用耕地的安置补助费为6倍；（二）其他农用地为4倍。西藏土地补偿费及安置补助费：耕地按16倍，林地按9倍，未利用地只计列土地补偿费2倍

续表

序号	项目	四川政策		西藏政策	
		政策文件名称	相关补偿补助标准条款	政策文件名称	相关补偿补助标准条款
2	其他补助项目				
2.1	养老保障安置相关费用	《关于我省大中型水电工程移民安置政策有关问题的通知》（川发改能源〔2008〕722号）	（二）关于养老保障安置，至规划水平年前男满60周岁、女满55周岁的农村移民可以自愿选择养老保障安置，不再调配土地，土地"两费"用于养老金统筹。有意者养老金标准自2009年1月起每人每月从160元调整为190元（考虑近几年物价指数），期限从搬迁之日起至死亡之日止。土地"两费"不足以发放养老保障补助的在库区基金和其他财政性资金中解决。移民在土地"两费"发放完毕之前死亡的，应将"两费"余额一次性发给其合法继承人		
二	相关税费				
1	耕地占用税	《四川省耕地占用税实施办法》（川府发〔2008〕27号）	第六条：（一）人均耕地不超过1亩的地区（以县级行政区域为单位，下同），每平方米为10元至50元；（二）人均耕地超过1亩但不超过2亩的地区，每平方米为8元至40元；（三）人均耕地超过2亩但不超过3亩的地区，每平方米为6元至30元；（四）人均耕地超过3亩的地区，每平方米为5元至25元。经济技术开发区、经济发达且人均耕地特别少的地区，适用税额可以适当提高，但是提高的部分最高不得超过本条第一款规定的当地适用税额的50%。占用基本农田的，适用税额应当在本条第一款、第二款规定的当地适用税额的基础上提高50%	《西藏自治区耕地占用税实施办法》（藏政发〔2008〕58号）	第五条：（一）各地（市）所在地的税额标准：拉萨20元/m²；昌都18元/m²；那曲18元/m²；阿里18元/m²；林芝15元/m²；日喀则15元/m²；山南15元/m²。（二）各县（含县以下）的税额标准：地区所在地的县按所属地区的税额标准执行；拉萨所属堆龙德庆县、达孜县统一按拉萨市的税额标准执行；其他各县（含县以下）耕地占用税每平方米税额按所属地区税额标准的80%计征。第六条：占用基本农田的，适用税额应当在本办法第五条第一款、第二款规定的当地适用税额标准的基础上提高50%

续表

序号	项目	四川政策 政策文件名称	四川政策 相关补偿补助标准条款	西藏政策 政策文件名称	西藏政策 相关补偿补助标准条款
2	耕地开垦费	《四川省〈中华人民共和国土地管理法〉实施办法》（1999年12月实施）	非农业建设经依法批准占用耕地的，应当按照《中华人民共和国土地管理法》和《〈中华人民共和国土地管理法〉实施条例》的规定，由占用耕地的单位负责开垦与所占耕地的数量和质量相当的耕地；没有条件开垦或者开垦的耕地不符合要求的，应当缴纳耕地开垦费，耕地开垦费为征用该耕地的土地补偿费、安置补助费之和的1至2倍。耕地开垦费列入建设项目总投资	《西藏自治区实施〈中华人民共和国土地管理法〉办法》（1999年实施）	第二十二条：（一）拉萨市人民政府所在地，每公顷缴纳30万元至36万元；（二）地区行政公署所在地，每公顷缴纳15万元至22.5万元；（三）县人民政府所在地，每公顷缴纳12.5万元至15万元；（四）其他地区，每公顷缴纳7.5万元至12.5万元
3	森林植被恢复费	《四川省林地保护管理办法》（川林发〔2010〕33号）	第三十条：（一）零星林木补偿按各市（州）人民政府制定并报省人民政府批准的地上附着物和青苗的补偿标准以及各市（州）人民政府按规定进行相应调整的标准执行。（二）成片林木及苗圃地补偿按《四川省物价局、四川省财政厅、四川省林业厅关于收取森林植被恢复费和林地林木补偿费的通知》（川价字非〔1993〕4号）第四条规定标准计算	执行《森林植被恢复费征收使用管理暂行办法》（财综〔2002〕73号）国家政策	第六条：（一）用材林林地、经济林林地、薪炭林林地、苗圃地，每平方米收取6元；（二）未成林造林地，每平方米收取4元；（三）防护林和特种用途林林地，每平方米收取8元；国家重点防护林和特种用途林地，每平方米收取10元；（四）疏林地、灌木林地，每平方米收取3元；（五）宜林地、采伐迹地、火烧迹地，每平方米收取2元。城市及规划区的林地，可按照上述规定标准2倍收取，对农民按规定标准建设住宅占用林地，在"十五"期间暂不收取森林植被恢复费
		《关于收取森林植被恢复费和林地林木补偿费的通知》（川价字非〔1993〕4号）	第四条：林木及附着物补偿费，由征占用林地单位向林木及附着物的经营者或所有者支付		

续表

序号	项目	四川政策		西藏政策	
		政策文件名称	相关补偿补助标准条款	政策文件名称	相关补偿补助标准条款
4	退耕还林地易地置换费	《四川省林地保护管理办法》(川林发〔2010〕33号)	第三十一条：各类建设项目占用征用退耕还林地的，占用单位应将占用退耕还林地已兑现的政策性补助和苗木补助费等退耕还林地易地置换费缴纳给当地有关主管部门，由当地林业主管部门负责组织落实易地置换，并将有关补助兑现给新置换农户		
三	其他政策				
1	先移民后建设	《关于在全省大中型水利水电工程试行先移民后建设有关问题的通知》(川扶贫移民规安〔2010〕202号)	二、前置条件：1.水电项目预可行性研究、水利项目可行性研究通过审批；2.省政府批准《移民安置规划大纲》；3.省扶贫移民局审核批准《移民安置规划报告》。三、工作程序：由项目法人编制与《移民安置规划》相吻合的《工程建设区和围堰截流水位以下移民搬迁安置实施方案》，经县、市（区）政府确认后报省扶贫移民局审核		

4.2.8 彰显央企担当，高效应对灾害对工程建设的影响

2018年10月11日和11月3日，西藏江达县金沙江白格段两次发生山体滑坡，滑坡体阻断金沙江干流，形成白格堰塞湖；堰塞湖最大蓄水量5.78亿 m^3。11月13日，白格堰塞湖经施工泄流后，过流洪水溃流猛、流速快、流量大、来势凶，苏洼龙水电站库区及主体工程受损惨重，严重威胁沿江群众生命财产安全。

受白格堰塞湖泄洪影响，苏洼龙水电站四川部分G318与35kV变电站，实际复建规划方案基础条件发生重大变化，原规划方案需结合现场实际突发

灾害条件进行及时调整或变更。在开展灾后重建工作中，苏洼龙水电站根据白格堰塞湖灾害实际情况，在充分考虑当地的资源环境承载能力、尊重当地农村民众实际需求、遵守国家和地方有关标准基础上，坚持以原址建设为主，异地建设为辅，根据国家、央企集团总体要求及指导下，及时科学调整或变更规划方案，满足了地方救灾和电站建设的双向需求。

G318 与 35kV 变电站复建的整合实施，体现了白格堰塞湖灾后重建规划中坚持"统一部署、分工负责、区分缓急、突出重点、相互衔接、上下协调、规范有序、依法推进"的原则。在深入论证和科学规划的基础上，加快工作进度，同时充分考虑 G318 与 35kV 变电站灾后重建与人民群众对未来美好生活的期盼相结合。在灾后重建工程推进过程中，严格贯彻"先移民后建设"的水电开发新方针，将征地移民工作与灾后重建工作密切融合、无缝衔接。同时，移民安置工程始终贯穿于项目开发建设全过程，助力地方经济社会发展。持续创新探索，建立水电开发利益共享机制，科学规划，精准实施，致力于改善当地生产生活条件，促进地方经济社会发展。在重建工作的同时，为地区中长期高质量发展奠定坚实基础，为当地经济社会长远发展注入新动能。

1. 迅速响应，精密部署，保障群众生命财产安全

险情发生后，华电集团坚决落实中央指示精神和国务院国有资产监督管理委员会、国家能源局要求，根据地方政府的抢险救灾工作安排，主动响应，精密部署，第一时间迅速作出反应，缜密分析、全面谋划，采取系列措施，实现人员零伤亡，将沿岸人民群众的损失降到最低，保障了下游各级电站平稳运行。

2. 科学评估，规范调整，有序有力推进移民安置与灾后重建工程

受堰塞湖影响，苏洼龙水电站涉及的 G318、竹巴龙集镇、35kV 变电站、金沙江大桥、自龙达吊桥、角比西大桥、平安桥等水毁严重，西索路与 G318 无法连接，严重影响库区朱巴龙乡达嘎顶村、草地贡村群众出行（图 4.23 和图 4.24）。

（1）未实施的专业项目复建规划与灾后重建规划结合。受白格堰塞湖泄洪影响，苏洼龙水电站专业项目涉及的竹巴龙集镇、G318 复建项目和 35kV 变电站严重冲毁（图 4.25 和图 4.26）。

1）G318 国道。规划苏洼龙水电站库区淹没影响复建段 G318 四川境内段采用三级公路技术标准，受堰塞湖泄洪影响，并为响应国家交通运输部统筹

(a) (b)

图 4.23　灾后金沙江大桥、自龙达吊桥损毁情况

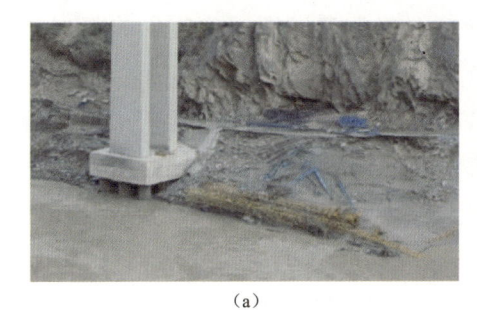

(a) (b)

图 4.24　角比西大桥、竹巴龙集镇损毁情况

(a) (b)

图 4.25　竹巴龙集镇、35kV 变电站受损情况

(a) (b)

图 4.26　G318、金沙江新桥受损情况

规划要求，苏洼龙水电站积极按照 G318（巴塘至竹巴龙）灾后重建段建设要求，将库区复建试验段进行设计变更，按照二级路标准纳入 G318（巴塘至竹巴龙）统一建设。

2）35kV 变电站。苏洼龙水电站建设征地涉及的竹巴龙 35kV 变电站需进行利旧复建处理。受白格堰塞湖泄洪影响，35kV 配电装置、电器主接线、监控系统、通信设备等损毁，无法按照规划批复的方案进行利旧迁建。为响应应急救灾及地方后期电力保障要求，苏洼龙水电站及时变更设计，除主变压器外，其余设备均按规定全新配置，在竹巴龙防护区内新建 35kV 变电站。

（2）已实施完成和正在实施的专业项目复改建工程受灾害影响得到及时处理。

1）防护工程。受白格堰塞湖影响，苏洼龙水电站已实施的四川部分竹巴龙集镇防护工程损毁严重，新增淤积粉土质砂层厚 3～5m，原规划在下游 4km 处的料场成为江心洲，取料难度大，需调整防护堤设计方案、重新选择料场，同时由于物价及概算编制依据变化、地方发展规划要求、G318 路线变化和防护断面优化等原因，四川部分竹巴龙集镇防护工程及时进行了设计变更。

2）金沙江大桥。（旧桥）受电站建设征地影响，原规划采取暂不拆除桥体，通过测绘、影像、文字记录等方式提取资料，并一次性支付其提取资料费用的处理方式。金沙江大桥（旧桥）被冲毁后，苏洼龙水电站项目结合地方实际需求及时一次性支付了提取资料费用。

3）自龙达吊桥。自龙达吊桥复建工程与拟复建的 G318 相连接，右岸通过连接道路接入现有乡村道路，旨在保障工程区两岸居民正常出行，是重要的民生工程。受白格堰塞湖泄洪影响，在建的自龙达吊桥及其连接道路受到严重冲刷，桥塔、抗风锚碇基础冲刷严重，桩基外露，左岸保通道路冲毁，右岸锚碇出现滑移并倾倒，右岸连接道路冲毁。为保证金沙江两岸百姓的正常通行，确保苏洼龙水电站如期蓄水发电，需及时调整在建自龙达吊桥规划实施方案。

2020 年 7 月 8 日，华电金上公司发布《关于 K25＋142 处悬索桥情况说明》，明确由 G318 巴塘县城至竹巴龙大桥段白格堰塞湖灾后恢复重建工程 TJ 合同段实施与自龙达吊桥左岸连接。

2020 年 3 月现场恢复施工，2020 年 10 月 30 日项目完工，2021 年 1 月 3 日完成荷载试验，2021 年 1 月中旬桥梁顺利通车。

4）角比西大桥。角比西大桥左岸位于巴塘县苏哇龙乡境内，其与G215连接，是两岸苏哇龙乡和索多西乡对外出行的连接性桥梁，同时也是苏洼龙水电站建设的关键性工程。受两次白格堰塞湖洪水影响，金沙江江水暴涨，角比西大桥桩基础、连接道路水毁严重，在建大桥3号、4号主墩平台冲刷严重，部分桩基外露，塔吊、拌和站被冲倒。

为保障桥梁及时建成，苏洼龙水电站及时调整并修改桥梁及连接路设计方案，2019年5月大桥恢复正常建设。2020年9月角比西大桥主桥完成合龙，2021年3月角比西大桥引桥、附属等全部施工完成，2021年4月完成荷载试验，具备通车条件。

5）平安桥。西曲河平安桥是跨西曲河的一座中桥，左岸接至G318，右岸连接苏洼龙水电站库区右岸通村公路（西曲河口至索多西沟段），是苏洼龙水电站库区朱巴龙乡达嘎顶村、草地贡村群众出行过江的必经之路。因老桥冲毁，西索路与G318无法连接，严重影响苏洼龙水电站库区朱巴龙乡达嘎顶村、草地贡村群众出行，规划拟在老桥下游新建平安桥。

为加快电站建设，充分体现央企的社会责任担当，规划结合附近村组人口规模、原有桥梁等级标准及苏洼龙水电站库区右岸通村公路（西曲河口至索多西沟段）建设标准规划建设该桥梁，确保苏洼龙水电站库区朱巴龙乡达嘎顶村、草地贡村百姓出行便利。

4.3 统筹高效实施移民安置

4.3.1 强化管理，建立专门工作机制和管理体系

金沙江属于界河，由于西藏和四川相关政策的不平衡以及区域宗教文化特殊、区域环境特殊等因素，在电站开发、建设过程中不可避免存在一些困难。为了减少矛盾和分歧，规避社会风险，促进电站顺利、有序开发，需要高度重视移民安置实施工作[19]，不仅要充分发挥电站的经济效益，还需要通过带动当地经济发展，让移民共享水电开发建设的成果。在水电开发建设和移民安置实施过程中，应当切实践行以人民为中心的发展理念，通过多元化途径解决移民安置问题，不断创新移民工作机制和安置模式。首先，要紧密结合水电开发与促进区域、流域经济发展和有效资源利用，平衡社会效益和经济效益；其次，要协调地方政府、企业和移民之间的利益关系，形成共同

推动水电开发和移民安置的合力;最后,要完善支持移民安置的政策,建立健全移民的长效机制。秉承这一工作理念,金沙江上游各电站在移民工作方面开展了创新,建立了一系列工作机制和方法,并取得了较好的实践效果。

1. 建立分层协调机制

主要体现在四个方面:一是成立了流域协调机构、明确了协调机构职责;二是西藏、四川两省(自治区)以及各市(州)、各县均设立相应的移民管理机构,参与分层协调工作;三是建立了不同行业之间的协调机制;四是建立了项目法人与综合设代、综合监理和独立评估等"一线"参与单位的协调机制。

2. 建立实施管理机制

业主在金沙江上游各水电站建立了实施管理机制,完善了移民组织机构,监理、设计、评估等各方按条例履责。在实施过程中成立了移民领导小组,定期召开各方协调会,合署办公,密切合作,建立了场外问题场内解决的机制,按照县统筹、乡组织的方式有序组织移民参与到工程建设中,优先考虑移民的参工参建。在实施过程中严格执行各级政府的实施管理体系,由专人对应地方政府各部门,做到组织有序。项目法人、监理、设计、评估等各方按照各自职责抽调专业人员组建高效团队,深度参与、深入介入、主动配合地开展移民安置工作。

3. 创新开展实施组织策划

金沙江上游地处四川、西藏两省(自治区)交界的藏族核心区,社会环境特殊,征地移民工作涉及面广、任务繁重、时间跨度大,为提高征地移民工作的管理水平和实施工作的计划性,稳妥有序地推进现场征地、移民搬迁安置、专项复建等工作,满足工程建设需要,顺利完成移民阶段性验收和竣工验收,在华电集团的指导下,金沙江上游水电开发项目从苏洼龙水电站开始,在移民安置规划报告获批后,探索创新开展征地移民实施组织策划工作。围绕电站大江截流、蓄水发电、竣工验收等重大里程碑目标,结合现场实际情况,梳理移民安置重大节点工期,抓住主要矛盾,统筹兼顾,规范管理,在实施过程中取得了较好的效果。

金沙江上游水电开发建设涉及两省(自治区)、两市(州),在移民安置协议签订、资金管理、实施管理等方面均存在较大差别,实施策划根据国家、四川省和西藏自治区有关征地移民工作管理规定,结合电站征地移民工作实际,从组织分工、协调组织、计划管理、资金管理、设计管理、监督评估、移民安置验收等方面，探索形成适合金沙江上游特点的移民管理体系，提高征地移民管理效率。

总结苏洼龙、叶巴滩水电站征地移民实施组织策划取得的成效，主要有以下几点经验：

（1）明确了总体目标，理清了工作思路，为稳妥有序开展征地移民实施工作奠定了基础。

（2）合理选择专项和安置点建设模式，确保复建项目顺利实施。

（3）理顺了各方职责，坚守了移民政策底线，控制住了移民概算。

4. 构建全方位深度参与和高效协作体系

在实施过程中，各级政府、业主、监理、设计、评估等各方均展现出高度的责任感和使命感，形成了深度参与、深入介入、主动配合的良好局面。为了进一步提升工作效率和协作效果，各方按照各自职责和专长，抽调精兵强将组建高效团队，实行扁平化管理，减少决策层级，加快信息传递速度。同时，加强团队间的沟通与协作，建立信息共享平台，确保项目进展中的每一个环节都能得到及时、有效的支持和保障。这种全方位深度参与和高效协作体系的建立，为金沙江上游水电开发项目的顺利实施提供了强有力的支撑和保障。

4.3.2 创新策划，超前谋划移民安置的实施工作

为高质量推进移民安置实施工作，华电集团谋划在前，守正创新。2015年3月16日，华电集团下发《关于开展金沙江上游苏洼龙水电站征地移民实施组织策划工作的通知》（中国华电水电函〔2015〕46号），要求按照集团公司关于开工前必须完成"一优化四策划"的相关精神，超前谋划、精心策划苏洼龙水电站征地移民有关实施组织工作，为又好又快地开展苏洼龙水电站征地移民工作创造条件，为开展金沙江上游后续水电站征地移民工作积累经验，坚持"先移民后建设"和"移民为先、移民为重，情系移民，服务移民"的工作方针，按照"把握全局、统筹兼顾、保持稳定、整体推进"的工作思路和"政府领导，分级负责，县为基础，项目法人和移民群众参与，规划设计单位技术负责，监督评估单位跟踪监评"的移民工作管理机制，充分尊重移民意愿，充分尊重科学和客观规律，超前思考、超前谋划，依法、科学、有序地推进移民安置和电站建设，确保库区社会稳定，开展苏洼龙水电站建设征地移民安置实施组织策划研究。

1. 把握全局，分析重点与难点，有序推进移民工作

实施组织策划报告内容包括移民安置进度控制节点及任务分析、移民单项工程实施组织策划、移民综合实施组织策划、移民单项工程建设方式、移民实施管理、巴塘县南戈村移民居民点变更初步分析；全面、系统地研究提出了移民安置实施组织策划的主要原则、内容、范围，技术路线，详细提出了电站移民实施的重点工程、控制性工程、重点难点问题及其解决思路、措施和实施流程；开展了南戈移民安置、G215、西索路、角比西大桥专项研究等，加快了项目建设。

在农村移民安置方面，地方政府、项目业主、设计单位、移民综合监理单位通力合作，全力推进项目。在电站核准后全面启动了农村移民安置，如叶巴滩、拉哇、巴塘、苏洼龙枢纽工程区和部分库区，在项目核准后，第一时间就开展政策宣传解释、移民安置协议签订、移民建房等工作，并结合移民工程进度，适时启动移民搬迁工作，在建房过程中理顺了基础设施建设顺序，有序安排各项基础设施的建设流程，提前完成了枢纽工程建设区的移民安置工作，为工程截流蓄水提供了保障。

在移民工程方面，项目业主、地方政府积极沟通建设方式。项目业主尽早和地方政府沟通G215、西索路、四川部分竹巴龙防护工程的建设方式，尽早启动了项目实施前期工作。特别是G215，根据工程蓄水、工程截流任务分析成果，分两标段实施，保障了工程蓄水和工程截流验收。地方政府按照实施组织策划报告，尽早启动安贡公居民点、供水工程、污水处理厂、新建10kV输电线路、角比西大桥、竹巴龙防护工程、西藏部分G318等的建设，并与移民搬迁安置进度衔接，保障了在工程截流前完成角比西村角比西组移民搬迁安置工作，保障了在工程截流前完成角比西大桥水下部分工程；供水工程、污水处理厂、新建10kV输电线路保障了工程截流前搬迁入住移民的生活用水、用电、污水处理等。巴塘水文站同样是制约苏洼龙水电站阶段性验收的重点关注项目，项目业主提前与巴塘水文站主管部门签订移民安置协议，并沟通提前开展搬迁安置工作，积极协调各方尽早启动水文对比测试，为苏洼龙水电站工程蓄水争取到了时间。

2. 创新思路，树立移民工作标杆，推动行业规范发展

（1）在国内首次全面系统地研究提出了移民安置实施组织策划的主要原则、内容、范围，技术路线，研究提出了苏洼龙水电站移民实施的重点工程、控制性工程、各工程的逻辑关系和衔接方法、重点难点问题及其解决思路、

措施、实施流程和有关建议。

（2）《金沙江上游苏洼龙水电站建设征地移民安置实施组织策划研究报告》是国内第一个水电工程移民安置实施组织策划报告，《水电项目建设征地移民安置实施组织策划指导意见》是国内第一份水电项目建设征地移民安置实施组织策划指导意见（试行）。在苏洼龙水电站实施组织策划报告的指导下，叶巴滩、拉哇、巴塘、苏洼龙等水电站移民实施工作总体顺利，库区社会总体稳定，为电站建设创造了较好的社会环境条件，促进了金沙江上游水电项目开发进程。华电集团已将苏洼龙水电站移民实施组织策划报告作为范本在华电集团水电开发项目中推广，并已在福建周宁抽水蓄能电站中得到了运用。《水电项目建设征地移民安置实施组织策划指导意见》已在华电集团试行，大幅提升了华电集团、金沙江上游公司、地方政府的移民工作水平。

（3）苏洼龙水电站征地移民实施组织策划研究对推进水电工程移民工作具有重要的指导作用，丰富了征地移民工作经验，又快又好地提高了金沙江上游水电开发征地移民工作的水平。

（4）苏洼龙水电站实施组织策划提出的电站建设征地移民工作重点、难点翔实，技术方案可行，控制节点符合工程实际。在实施组织策划报告的指导下，苏洼龙水电站左岸公路复建、G215复建、四川省竹巴龙防护工程"统规代建"工作的开展较为规范，具备可推广性，已在叶巴滩、拉哇等水电站率先得到推广应用，并已实现工程截流，苏洼龙水电站已实现工程蓄水，叶巴滩、拉哇、巴塘、苏洼龙等水电站移民工作已基本完成。

（5）项目核准后，华电金上公司委托主体设计单位编制了《叶巴滩移民安置实施组织策划》《金沙江上游苏洼龙水电站建设征地移民安置实施组织策划研究报告》，明确了移民工程管理、实施组织参与方分工、进度控制、质量控制、概算控制、年度计划等，并组织各方对接，对移民安置实施起到了较好的指导和促进作用。

项目实施过程中，业主和地方采纳苏洼龙水电站实施组织策划报告提出的有关建议和措施，节约投资约1.2亿元。苏洼龙水电站实施组织策划报告提出的提前缴纳森林植被恢复费和耕地占用税等有关税费的建议被项目业主采纳，避免了近2亿元的税费增加。根据苏洼龙水电站实施组织策划报告提出的"分散安置、自发集中、投资控制"总体思路所编制的南戈居民点设计变更方案已得到四川省移民局的批复（川扶贫移民发〔2016〕253号），不仅破解了制约苏洼龙水电站移民工作的难题，而且节约投资约2000万元。在叶巴滩水电站项目实施过程中，叶巴滩水电站分公司与地方政府积极组织策划沟通协商，与白玉县人民政府牵头成立的运输公司签订场内运输协议，优先考虑电站移民参与工程建设，提高了移民就业机会，促进了移民生产生活水平的恢复。

（6）苏洼龙水电站实施组织策划的移民工程管理篇组织分工、协调组织和计划管理等内容已被《水电工程建设征地移民安置规划设计规范》（NB/T 10876—2021）、《水电工程建设征地移民安置技术通则》（NB/T 10798—2021）等规范采纳，对于规范移民实施组织设计工作，促进移民安置和水电工程建设进度发挥了重要的作用。

4.3.3 衔接行规，创新复建工程建设的管理方法

按照《四川省政府投资项目代建管理办法》的要求加强移民代建项目的全面履约，在实现工期、质量、投资"三控制"目标管理的同时，按照项目初步设计批复的建设内容、建设规模、建设标准开展代建工作，建立健全项目管理制度和工作程序，使复建管理工作有章可循，建立责权明确、制约有效、科学规范、专业化管理的项目管理模式，保障电站主体建设顺利进行和经济指标达到预期。

1. 发挥代建核心引领力、实现多元化优势结合

苏洼龙水电站G215公路工程是移民复建专业项目，是电站截流的控制性工程，工程路线全长44.931km，设计标准为三级公路，其中桥梁和隧道采用二级公路设计标准，全线桥隧比达60%，工期23个月，工程总概算21.487亿元。四川甘孜州政府于2015年9月委托华电金上公司代建，按照代建协议，工程资金由华电金上公司出资17.3亿元，剩余4.187亿元由甘孜州政府筹措。

G215复建代建项目管理极具难度和挑战性，需深入认真思考建设管理思路和方法，转变以往代建项目"重形式、少管理"的观念，跳出水电工程管理看移民复建公路工程管理，统筹全局，谋划政企合作、强化过程管理、协作共赢新思路；应充分发挥代建项目业主、地方政府的管理优势以谋划新的管理方法，从抓好设计管理、施工管理等方面策划管理措施，较好地解决苏洼龙水电站移民复建公路工程代建中存在的难题。

创新管理的指导思想是转变传统管理理念，向管理要成效。结合移民代建项目实际情况，提出"发挥代建核心引领力、实现多元化优势结合"的创

新管理理念，发展"一核心七结合"的创新管理方法，即以项目业主为核心引领、实现七个方面优势结合，将代建项目管理与地方政府利益、管理经验、管理优势深度融合，齐抓共管、形成合力，从设计管理、招标管理、质量管控、投资管控等方面强势体现核心主导作用，全面做好代建项目质量、安全、进度、投资、协调、移交、配套资金争取等工作。具体做法体现在以下七个方面：

（1）做好央企社会责任担当与地方脱贫攻坚的有机结合。G215复建前的库区公路是县道四级公路，按照水电工程移民安置"三原"原则进行复建，复建投资12.8亿元。该库区淹没段复建公路是国家规划建设的G215在甘孜州巴塘县境内的组成部分，国家配套资金1000万元/km，为满足地方经济发展远景目标要求，预留公路升级改造空间，甘孜州政府要求按照道路三级、桥隧二级的标准进行复建，此标准复建投资为21.487亿元，比"三原"原则复建投资增加8.687亿元。为彰显华电金上公司的社会责任，充分体现"建设一座电站，带动一方经济，改善一片环境，造福一方百姓"的水电开发理念，经与甘孜州协商一致，此复建公路工程由华电金上公司出资17.3亿元，甘孜州争取落实国家配套资金并用于该公路复建工程。为此，华电金上公司比"三原"原则复建多出资4.5亿元以支援地方基础设施建设，有力助推了地方脱贫攻坚和乡村振兴，充分展现了华电金上公司负责任、讲政治、顾大局的央企形象，得到了甘孜州社会各界的高度评价和认可。

（2）做好企业组织管理与地方政府管理协作的强强联合。为创新建设管理模式，华电金上公司单独设立了复建公路工程指挥部。指挥部聘请了具有公路行业施工管理经验的专业技术人员负责现场管理，进一步提升了专业化建设管理水平。同时，进一步发挥了甘孜州各级领导小组和办公室的作用，加强和充实现场协调工作组的力量，共同协调现场工作与建设管理，为复建公路的建设管理提供了有力的组织保障，并创造了良好的外部建设环境。这些举措顺利推动了复建公路工程的建设。

（3）做好水电项目设计与公路行业设计成果的有机结合。G215复建公路的规划设计属水电站主体设计院的设计内容，而G215公路总体规划设计由四川省公路规划勘察设计研究院设计，不同设计院的设计成果在设计理念、方案、投资等方面有较大差异，而且审批程序不同。为同时满足水电移民和公路规划设计的审批程序要求，做好两个设计成果的有机结合和运用，经与四川省扶贫开发局和省公路局协商一致，采用公路行业部门的规划设计成果作为电站移民复建公路的成果，分别履行省公路和移民管理部门的审批程序。四川省公路规划勘察设计研究院的设计成果提升了标准，采用了加大桥隧比例的设计理念，虽然方案增大了部分投资，但在其扎实的地质勘探工作保证下，有效规避了各种地质风险，大幅度减少了施工过程中的变更，其先进的设计理念，使复建项目全生命周期的投资可控在控。

（4）做好水电项目施工招标与地方公路行业招标管理的有机结合。在招投标阶段，超前谋划，认真调研公路行业施工队伍在甘孜州境内的施工履约情况和业绩，设置好招标资格条件，严控资质门槛；严格按照公路行业的招标程序要求、评标办法和履约保证条款，由专业公路规划设计按公路行业标准编制招标文件，并按政府采购办法有关规定进行评标，在成功规避建设中易出现豆腐渣工程、进度滞后、投资管控难、腐败等问题的同时，又发挥了水电项目业主的主导作用，最终成功遴选了公路行业施工能力强、信誉好的专业队伍，在施工过程中充分发挥了专业施工队伍的优势作用，为建设精品工程提供了坚实保障。

（5）做好水电项目建设管理与公路行业专业优势的科学结合。在建设管理中积极发挥水电项目业主建设管理优势和专业施工队伍的行业经验优势，事前认真组织编制精细的施工组织策划方案，事中强化施工组织策划和科学管理的有机结合；针对项目隧洞多、地质条件复杂等特点，制定"一洞一策"、工序"无缝衔接"的施工组织策划；采用"首件工程认可制"的科学管理方法，形成符合工程特点的施工要求和工艺，保证了工程质量和进度；尤其是在隧道标准化施工方面，创新隧道进口开挖施工技术，严格实施"早进洞、先进洞"策略，最大限度避免边坡开挖和扰动，隧道施工参照工厂化管理，实践并固化爆破开挖、拱架支护、一期喷锚、仰拱开挖浇筑、二期钢筋安装和二期混凝土施工等工序的施工程序与质量检查验收程序和标准，形成隧道内标准化作业流程和工厂化井然有序的施工环境。通过精细的施工工艺和科学管理措施，成功地避免了复杂地质条件下的各种隐患的发生，尤其是在长度达 500 多 m、最大高度达 100 多 m、地质条件极为复杂的长流沙地质地段，未发生安全隐患，既保证了工程施工质量，又加快了施工进度。

（6）做好设计变更管理与投资管控的有效结合。在复建公路建设过程中，加强设计变更管理，提高投资管控能力，全力保障投资的可控在控。提高投资管控的预判性，积极深度参与设计变更管理，充分发挥监理和设计的主导作用,强调和维护经批准的施工图设计的严肃性,坚持"应变则变,可变不变"的原则,从严控制设计变更的发生。严格执行四川省公路局和移民管理部门关于设计变更管理的审批程序,坚持"先批准,后变更"的原则,加强设计变更的审批管理,确保变更原因清晰、理由充分、方案科学、投资合理、程序合法,进一步提高投资的管控能力,确保了工程投资控制在设计概算内。

(7) 做好质量管控与地方政府全过程监督的有机结合。加强施工质量监督管理,在充分发挥工程监理作用的同时,引入公路行业质量监督部门和移民协调机构进行全过程质量再监督,定期现场督导,确保工程质量高标准建设。实行年度考核机制,利用四川省交通工程信用等级评价平台,每年两次对施工单位进行信用等级评价和履约评价,将评价结果上报四川省交通运输厅并纳入交通行业考核内容,利用政府行政监管,较好提升了施工单位的履约意识和履约效果,保证了工程建设质量。

2. 有效控制、顺利验收,打造移民"样板工程"

G215公路复建工程具有建设工期紧、任务重、施工作业难度大等特点。复建公路工程线路长、桥隧比高、隧洞长、地形和地质条件复杂,明线段地形陡峭,隧洞段沿线穿越有长流沙带、大断层、长堆积体等不良地质条件,施工难度大;同时,项目地处高原,外部建设环境复杂,钢材、水泥等大宗货物运输保障难度大,施工作业面小,原道路施工期间保通要求高,增加了施工组织难度,影响了施工效率,工期管控难度极大。从以往水电资源开发建设情况看,项目建设中的政府配套资金,因种种原因到后期都难以落实,加之甘孜州属国家"三区三州"深度贫困区,地方财政资金紧张,落实G215复建公路工程配套资金的难度较大。

(1) 工程投资控制在施工图预算内,首开甘孜州水电项目移民复建公路工程不超概的先例。苏洼龙水电站库区G215移民复建工程施工图预算投资为21.34亿元,经审计项目实际投资为20.26亿元,比预算节约1.08亿元,是甘孜州水电项目移民复建公路工程第一个不超概的项目,投资控制效果获得了四川省、甘孜州公路和移民管理部门的高度评价。

(2) 顺利完成复建公路的验收移交,是甘孜州首条通过交工验收的水电项目移民复建公路"样板工程"。G215复建项目于2016年7月开工建设,2018年9月全线建成并通车试运行,2019年10月甘孜州以综合评分95.2分通过交工验收,2020年5月顺利移交甘孜州公路管理局全面接管养护。该项目的按期建成通车，保证了苏洼龙水电站顺利截流，建设质量得到甘孜州政府及有关部门的高度评价，被甘孜州政府评为水电移民复建公路"样板工程"，是甘孜州首条在建设养护期内顺利通过交工验收和接养的水电移民复建公路项目。

（3）落实配套资金2.96亿元，开创了甘孜州水电项目移民代建工程落实地方配套资金的先河。该项目的竣工通车极大改善了库区居民出行条件，在2018年白格堰塞湖两次泄洪救灾以及灾后重建和助力地方脱贫攻坚中发挥了关键作用。苏洼龙水电站库区移民复建公路工程高品质的建设，以及华电金上公司在其中承担的责任备受政府理解和支持。甘孜州同意依据G215代建协议，根据G215复建公路工程的投资审计结果，筹措了2.96亿元的配套资金，分两批拨付给华电金上公司。第一批资金已于2020年12月支付到位，第二批资金将在项目完成结算后支付。

华电金上公司大胆尝试了移民工程"统规代建"模式。面对挑战，他们敢于迎难而上，展现了出色的管理能力。特别是在水电项目移民复建公路工程方面，公司积极进行管理探索和创新，针对苏洼龙水电站库区G215公路复建项目的长线路、紧迫工期、高难度建设、投资管控、移交及配套资金难的问题，通过引入新的管理理念和方式、提前规划、强化管理，成功完成了工程建设，取得了工程质量优质、工程进度领先、安全水平可控、投资节约有效、移交过程顺利以及配套资金落实等令人振奋的成果。这不仅带来了各方共赢的社会效应，也充分证明了代建管理在移民复建项目中的优势，并为项目管理经验开拓了新的领域。

4.3.4 分类处理，合理选择房屋和工程建设模式

金沙江上游已开工建设的苏洼龙、叶巴滩、巴塘、拉哇等4座水电项目中，移民工程较多的是苏洼龙水电站。苏洼龙水电站移民工程主要包括复建道路、复建桥梁、居民点、防护工程、电力通信工程、水文站等专业项目（图4.27）。巴塘水电站移民工程主要包括复建道路、电力工程等专业项目。拉哇水电站仅有复建公路专业项目。

本着分门别类，因项目而异的原则，结合不同专业项目特点，项目实施过程中采用了不同的建设模式，既保障了工期，又提高了移民的满意度，取得了各方共赢的效果。苏洼龙、巴塘及拉哇等水电站移民工程建设模式详见表4.6~表4.8。

（a）竹巴龙集镇垫高防护工程　　　　　　（b）西索路工程

（c）G318复建工程　　　　　　（d）G215复建项目

（e）四川南戈西运泥移民集中安置点　　　　　　（f）西藏角比西安贡公移民集中安置点

图 4.27　苏洼龙水电站部分移民专项工程建设实施效果

表 4.6　　　　　　　　苏洼龙水电站移民工程建设模式汇总表

专业项目	委托方	建设方	建设模式	完成情况	是否验收
一、西藏部分					
角比西安贡公居民点	芒康县人民政府	拉萨市华宇建设有限责任公司	统规自建	已完工	是

113

续表

专业项目	委托方	建设方	建设模式	完成情况	是否验收
芒康朱巴龙集镇垫高防护工程	芒康县人民政府	拉萨市华宇建设有限责任公司	招标	白格堰塞湖灾后治理部分未实施，其余工程已完工	否
G318复建工程	芒康县人民政府	拉萨市华宇建设有限责任公司	招标	已完工	是
西索路（西曲河至索多西）	芒康县人民政府	华电苏洼龙分公司	代建	已完工	否
连接路（朱巴龙连接路）	芒康县人民政府	暂未实施			
角比西大桥	芒康县人民政府	国基建设集团有限公司	招标	已完工	否
自龙达大桥	芒康县人民政府	贵州慧腾环球建设工程有限公司	招标	已完工	是
西藏10kV线路	芒康县人民政府	四川省弘发建设集团有限公司	招标	已完工	是
西藏移动	芒康县经济合作局	中国铁塔股份有限公司昌都分公司	权属单位自行复建	已完工	是
西藏电信	芒康县经济合作局	中国电信集团公司西藏分公司传输局	权属单位自行复建	已完工	是
角比西安贡公居民点外部供水	芒康县人民政府	拉萨市华宇建设有限责任公司	招标	已完工	是
备注：西索通村公路建设工程，施工单位为云南建投第一水利水电建设有限公司。					
二、四川部分					
南戈村西运局居民点	巴塘县扶贫开发局	苏哇龙乡人民政府	统规自建	已完工	否
巴塘竹巴龙（川）垫高防护工程	巴塘县扶贫开发局	中国电建集团北京勘测设计研究院有限公司	代建	已完工	是
G215复建工程	甘孜藏族自治州乡村振兴局、甘孜藏族自治州交通运输局	甘孜州交通和城乡建设投资集团有限公司	代建	已完工	否
10kV电力线路	巴塘县扶贫和移民工作局	国网四川巴塘县供电有限责任公司	权属单位自行复建	已完工	是

续表

专业项目	委托方	建设方	建设模式	完成情况	是否验收
35kV变电站	巴塘县扶贫开发局	国网四川甘孜州电力有限责任公司	权属单位自行复建	在建	
四川移动	巴塘县扶贫和移民工作局	中国移动通信集团四川有限公司甘孜分公司	权属单位自行复建	已完工	是
四川电信	巴塘县扶贫和移民工作局	中国电信股份有限公司甘孜分公司	权属单位自行复建	已完工	是
共建共享	巴塘县扶贫和移民工作局	中国移动通信集团四川有限公司甘孜分公司、中国电信股份有限公司甘孜分公司	权属单位自行复建	已完工	是
水文站	华电金沙江上游水电开发有限公司	长江水利委员会水文局长江上游水文水资源勘测局	权属单位自行复建	已完工	是

表4.7 巴塘水电站移民工程建设模式汇总表

专业项目	委托方	建设方	建设模式	完成情况	是否验收
一、西藏部分					
库周右岸道路复建工程	芒康县人民政府	昌都市瑞昌建筑工程有限公司	招标	已完工	是
10kV电力线路朱仲线复建工程	芒康县人民政府	昌都市宏悦建筑工程有限公司	招标	已完工	否
二、四川部分					
无					

表4.8 拉哇水电站移民工程建设模式汇总表

专业项目	委托方	建设方	建设模式	完成情况	是否验收
松瓦村至拉哇金沙江大桥右桥头连接道路	华电金沙江上游水电开发有限公司拉哇分公司	中国水利水电第五工程局有限公司	招标/代建	建设中	否

金沙江上游地区移民专项的建设模式结合了项目特点及地方实际，总结如下：

（1）尊重移民意愿，选择群众满意的建房方式。

1）农村居民点部分：根据金沙江上游流域的实际情况以及涉及两岸精准扶贫和易地搬迁的需求，对具备早启动、早搬迁条件的项目，应该尽早启动搬迁工作，加速搬迁进程，缩短实施周期。在农村居民点搬迁方面一般采用统规自建的方式。这种方式的优点在于：与乡村规划相关规定相符，权责明晰，减少建筑施工纠纷的可能性；尊重移民意愿，考虑经济情况，整体打造居民点情况良好，并满足当地美丽乡村建设需求，实现统一风貌。在建造房屋时，要满足相关要求，并由政府介入管理建房和搬迁，确保进度可控。

2）集镇部分：在集镇迁建工作中，需要与地方政府和移民管理机构密切协同，及时启动迁建工作。例如，对于苏洼龙水电站所在的竹巴龙集镇的方案设计、招标、实施管理等环节，应该及时介入并全程跟进。考虑到电站主体设计单位对项目情况了解较为透彻，集镇的迁建设计可以委托给主设单位以代建形式进行。在招标阶段，应组织移民综合监理团队严格按照招标程序，合理制定拦标价，并选择合格的承包单位实施。在实施过程中，通过移民综合设计和监理强化设计变更管理工作，以确保工程进度和质量的顺利推进。

（2）合理选择专项建设模式，确保复建项目顺利实施。通过实施组织策划，根据各专项、居民点的特点和对关键节点目标的影响，合理选择建设模式。如苏洼龙水电站G215复建公路、西索路工程投资大，建设程序复杂，是能否按期完成截流的关键复建项目，采取由项目建设单位代建方式建设，该复建项目安全、质量、进度可控，投资也控制在概算范围内，确保了苏洼龙水电站大江截流按期完成；安贡公居民点则采用统规联建模式，统一规划设计，由移民集体委托施工方建设，建设过程由移民集体监督，该项目已建设完成，已完成搬迁入住。安贡公居民点"统一规划，移民联建"的建设模式，避免了"统规代建"的弊端，移民建房积极性高，主动配合，建房质量、进度、投资等得到有效管控。其他专项如电信、电力等项目则由权属单位自建，原则上概算不变；根据项目的不同特点合理策划的复建模式，取得了明显的成效。

（3）根据不同项目对主体工程进度、投资的影响程度，选择不同的建设方式。

1）常规项目：由地方政府作为移民单项工程实施管理的主体负责对移民工程的勘测、设计、监理、施工全过程进行管理，并按照建设项目工期和设计要求完成建设任务。对政府实施的项目做到提醒、督促和协助的全过程配合，尤其是工程技术性强、工期要求紧、质量控制要求高的项目，从项目的规划设计、方案审查、施工招标、工程建设等全程介入，及时了解掌握工程安全、质量、投资和进度等情况。安公贡居民点、竹巴龙垫高防护、角比西大桥、巴塘水文站、西索路等移民复建工程的安全、质量、投资和进度可控在控。

2）代建项目：对需要加快建设工期、加强质量控制、加强投资控制的项目，采取代建方式。对于代建项目，按照主体工程的管控模式加强管理，从招标开始就严格按照工程建设管理程序，由政府、移民管理机构以及华电金上公司共同组织监督人员对招标过程进行全过程监督管理。把好设计深度关口，避免由于设计深度不够、频繁变更等问题带来的超概现象。严格按照工程建设管理程序加强过程结算、变更审查、验收移交等的管理。项目建设单位代建的G215复建项目，提前6个月完工，节约投资约9000万元。2019年10月，甘孜州组织交工验收，对代建项目质量给予高度评价，以综合评分95.2分通过验收，被评为水电移民复建项目的样板工程。G215复建项目目前已完成接养。

（4）理顺了各方职责，守住了移民政策底线，控住了移民概算。通过不同的建设模式，明确了电站征地移民实施管理工作中，移民管理机构、项目法人、设计和监督评估等单位的主要职责，梳理了各个层面的协调组织方式方法，对进一步加强征地移民实施管理工作，依法合规推动移民安置先行，充分调动各方工作的主动性和积极性具有指导意义；明确了实施过程中各方须严格遵循移民安置规划报告，项目实施时，综合设计代表、综合监理、项目法人及地方政府对施工图组织审查，严控超概，对影响投资的变更管理明确了处理程序，各类变更均须现场四方达成一致意见后才逐级上报。

（5）扭转了当地群众观念，实现了互利共赢。通过坚持以移民为中心的工作作风，企业的良好形象已经深入人心，水库周边地区的居民亲身体验到水电站建设所带来的实际利益，这使得他们从原本的不理解和不支持态度逐渐转变为政府的支持者，全村人积极参与其中。在建设阶段，项目建设单位作为代建者遵守标准，积极吸纳当地居民参与工程建设，使工程建设秩序井然有序，当地居民的社会适应能力得到显著提升，实现了共同发展的目标。

（6）创新了建设管理模式，为流域开发奠定了良好的实践基础。苏洼龙水电站是金沙江上游流域首个开发建设的电站，在整个流域开发中扮演了示范引领的角色，形成了所谓的"苏洼龙模式"，金沙江上游流域对"苏洼龙模式"进行了推广进而形成了"金上模式"。该模式的要点有：①尊重移民的主体地位；②夯实企业的社会责任，电站建设与脱贫攻坚有机结合；③建管模式的守正创新；④强化主体设计单位在移民工程建设中的重要性。特别是在建设模式方面获得了行业的认可，并得到了广泛复制和推广。

4.3.5 统筹实施，探索移民与灾后重建项目整合路径

白格堰塞湖泄流对叶巴滩、拉哇和巴塘等三座水电站的主体工程工区已建和在建工程造成淹没损失影响。灾害发生后，三座水电站主动承担施工影响和损失，积极恢复各个作业面，确保工程施工进度。四座水电站中移民安置项目影响最为严重的属苏洼龙水电站，主要影响复建集镇和部分重大专业项目分别为：竹巴龙集镇复建工程、G318复建工程、35kV变电站复建工程、金沙江大桥、自龙达吊桥、角比西大桥、平安桥等。具体表现为竹巴龙集镇、G318和35kV变电站被严重冲毁；自龙达吊桥、平安桥、角比西大桥桥桩基础和连接道路严重冲毁，导致西索路与G318线无法连接，严重影响苏洼龙水电站库区朱巴龙乡达嘎顶村、草地贡村群众出行。

白格堰塞湖泄洪后，地方政府抢险救灾任务繁重而迫切，灾后重建规划必须考虑沿线居民的长远发展。泄洪导致电站移民安置项目实施条件发生重大变化，国家及地方配套救灾资金下发后与水电移民工程建设项目资金融合使用等成为急切需要解决的问题。金沙江上游苏洼龙水电站积极探索并快速反应，走出一条移民安置与灾后重建项目整合的特色之路。

（1）苏洼龙水电站建设征地移民安置规划G318四川境内段采用三级公路标准。受堰塞湖泄洪影响，G318受损严重，国家交通运输部提出对G318（巴塘至竹巴龙）灾后重建段和苏洼龙水电站库区复建试验段按照二级路标准统筹提标建设。苏洼龙水电站积极响应这一建设需求，主动衔接地方政府及交通主管部门，研究将苏洼龙水电站G318规划复建资金与国家资金进行拼盘，足额配套库区淹没影响需复建的G318竹巴龙金沙江大桥至水磨沟村段全长17.2km的分摊资金，交由原甘孜州扶贫和移民工作局委托甘孜州交通投资建设集团有限公司代建，资金由华电金上公司根据原四川省扶贫和移民工作局下发的年度资金计划筹集。

通过这一整合实践，苏洼龙水电站探索出了水电移民复建交通工程与地方灾后重建提标建设等级公路的衔接模式。在工作中，苏洼龙水电站移民安置实施工作相关各方积极作为，主动出击，在保障地方抢险救灾进度、快速完成灾后重建任务的同时，顺利实施了各项建设任务。

(2) 全新复建 35kV 变电站，体现央企主动担当的社会责任感。苏洼龙水电站建设征地涉及竹巴龙 35kV 变电站，原规划按原规模、原标准对其进行利旧复建。受白格堰塞湖泄洪影响，原站址及其全套设施设备淹没损坏严重，洪水冲毁 35kV 变电站配电装置、电器主接线、监控系统、通信设备等，场地淤积严重。实施过程中，除主变压器外，其他设施一律全新配置。

(3) 旧桥被毁，新桥建设及地方桥梁受损，央企积极作为主动承担，创造工程建设与地方救灾及社会发展保障的有机结合模式。

1) 金沙江大桥：根据苏洼龙水电站建设征地移民安置规划，联系西藏和四川两岸的金沙江大桥（旧桥）的处置措施为采取测绘、影像、文字记录等方式提取资料，一次性支付其提取资料费用，对桥体暂不进行拆除处理。受白格堰塞湖影响，堰塞湖泄流时洪水峰高量大、快涨骤落，金沙江大桥（旧桥）被冲毁，实施中不具备按照原规划方案保留金沙江大桥（旧桥）的条件，移民安置实施仍按原规划一次性支付了提取资料费用，助力地方抢险救灾，保障地方经济社会发展。

2) 自龙达吊桥：根据苏洼龙水电站建设征地移民安置规划，2018 年 10 月初，自龙达吊桥已完成抗风锚碇、主锚碇、主塔施工，以及主缆、吊索及钢横梁的安装架设工作。2018 年 10 月 11 日及 11 月 3 日，金沙江上游白格发生山体滑坡形成堰塞湖，随着堰塞湖溃口形成洪峰。受"10·11""11·3"两次洪水灾害影响，金沙江江水暴涨，自龙达吊桥及连接道路受到严重冲刷，桥塔、抗风锚碇基础冲刷严重，桩基外露，左岸保通道路冲毁，右岸锚碇出现滑移并倾倒，右岸连接道路冲毁。为保证金沙江两岸百姓的正常通行，确保苏洼龙水电站如期蓄水发电，需及时修复并完成自龙达吊桥建设。2020 年 7 月 8 日，华电金上公司发布《关于 K25+142 处悬索桥情况说明》，明确由 G318 线巴塘县城至竹巴龙大桥段白格堰塞湖灾后恢复重建工程 TJ 合同段实施与自龙达吊桥左岸连接。项目自 2020 年 3 月现场恢复施工，2020 年 10 月 30 日完工，2021 年 1 月 3 日完成荷载试验，2021 年 1 月中旬桥梁通车。自龙达吊桥复建工程与复建 G318 连接，右岸通过连接道路接入现有乡村道路，是保障工程区两岸居民正常出行的民生工程。受白格堰塞湖泄洪影响，尽管工程投资概算有所增加，但考虑到吊桥及两岸连接路不仅是项目区周边居民跨江通行的关键通道，同时也是苏洼龙水电站库周交通复建项目不可或缺的重要组成部分，苏洼龙水电站仍主动修复吊桥损坏工程并及时复工建成。此项建设在满足苏洼龙水电站自身建设需求、助力地方救灾、维稳以及体现央企在国家危急时刻挺身而出等方面，都产生了较好的社会反响。

3）角比西桥：根据苏洼龙水电站建设征地移民安置规划，角比西桥于2016年9月正式开工建设，截至2018年9月（白格堰塞湖发生之前）下部结构基本施工完成，3号主墩开展0号块挂篮模板安装，4号主墩2号块模板安装完成。"11·3"白格堰塞湖泄流洪水峰高量大、快涨骤落，对沿线冲刷破坏作用强。角比西大桥桩基础、连接道路水毁严重，3号、4号主墩平台冲刷严重，部分桩基外露，塔吊、拌和站被冲倒。G318川藏线断行，老桥完全损毁。受泄流水毁影响，工程被迫停工。为保障角比西桥两岸人民群众的出行，苏洼龙水电站主动出击，及时出台修复方案。修复方案确定角比西桥需结合G215工程进行平交衔接：角比西大桥左岸位于巴塘县苏哇龙乡境内，与规划新建G215平交。右岸位于芒康县索多西乡境内，与苏洼龙水电站库区右岸通村公路（西曲河口至索多西沟段）工程（以下简称"西索路"）平交，调整方案与规划方案发生较大变化，投资费用增加。方案调整后，2019年5月大桥恢复正常建设，2020年9月主桥合龙，2021年3月大桥引桥、附属等全部施工完成，2021年4月完成荷载试验，具备通车条件。角比西大桥复建工程是苏洼龙水电站复建库周交通工程的重要组成部分，其方案调整后与G215平交连接，不但保障了两岸居民的出行顺畅，而且是一项水电移民项目与地方灾后重建项目整合的民生典范工程。

4）平安桥：苏洼龙水电站库区西曲河平安桥是跨西曲河的一座中桥，左岸接至G318，右岸连接苏洼龙水电站库区右岸通村公路（西曲河口至索多西沟段），是苏洼龙水电站库区朱巴龙乡达嘎顶村、草地贡村群众出行过江的必经之路。因2016年7月西曲河洪水影响老桥已被冲毁，导致西索路与G318无法连接，严重影响苏洼龙水电站库区朱巴龙乡达嘎顶村、草地贡村群众出行，规划拟在老桥下游新建平安桥。为加快电站建设，充分体现央企社会责任担当，苏洼龙水电站西曲河平安桥建设工程项目承接被冲毁老桥的恢复任务，为苏洼龙水电站库区朱巴龙乡达嘎顶村、草地贡村群众出行过江提供保障。项目在实施过程中结合附近村组人口规模、原有桥梁等级标准及苏洼龙水电站库区右岸通村公路（西曲河口至索多西沟段）建设标准进行建设，保障苏洼龙水电站库区朱巴龙乡达嘎顶村、草地贡村百姓出行，满足其日常生产生活需要。

（4）防护工程与集镇建设服务地方救灾及旅游发展需要。根据苏洼龙水电站建设征地移民安置规划，竹巴龙防护工程包含竹巴龙集镇区和土地复垦区两部分。2018年10月，竹巴龙集镇防护工程设计变更报告及招标详图设计完成，10月底施工单位进场。2018年11月3日，白格堰塞湖二次泄洪，竹巴龙集镇原始场地水毁严重，灾后场地内地形地貌发生较大变化。受堰塞湖泄洪影响，防护区原始地表损毁严重，新增淤积粉土质砂层厚3~5m。原规划在下游4km处的料场成为江心洲，取料难度大，外加地方发展需求等因素，救灾进度迫切，苏洼龙水电站第一时间组织相关方研究并调整防护堤设计方案，对四川部分竹巴龙防护工程进行设计变更，并适时启动防护工程建设。

在工程建设过程中，先期完成上游农田一区、集镇区和下游农田二区碾压回填，沿线布置防浪墙和雷诺护垫等。针对G318灾后重建段和苏洼龙水电站库区复建试验段建设抢险救灾的需要，电站移民工程建设项目在加快推进自身建设进度，为抢险救灾提供一定安全保障的前提下，细化苏洼龙防护工程施工组织措施，集约化利用场地建设用地条件，在克服防护工程自身建设需要等困难的条件下，积极配合地方灾后重建项目需要，将农田二区已恢复作为后期耕地，并将已建设完成的防浪墙和雷诺护垫区提供给部分施工单位项目部和灾后重建工程项目部使用。

同时，G318复建项目改善了当地交通条件，成为川藏旅游重要的线路。甘孜州人民政府充分利用国家配套的灾后重建资金，将竹巴龙防护工程（包括农田和集镇防护区）进行整合，专注打造竹巴龙旅游小镇。目前，该小镇已成为G318沿线引人瞩目的风景线。此项探索，不仅提升了水电移民工程项目的建设品质，而且有助于提高了移民的生活质量。同时，项目的整合建设也更好地满足了地方经济社会的长远发展需求。

灾后竹巴龙集镇和居民安置工作刻不容缓。为了加快灾后重建，保障居民和各单位尽快入住（驻）新房，竹巴龙防护工程采取抢险救灾方式加快建设，代建单位重新优化施工组织设计，优先实施集镇上游区域和集镇区域。同时，工程建设采取轮班赶工模式，在2个月内建设完成集镇区域各项工程，为灾后项目重建提供了保障。受堰塞湖泄洪影响，原集镇区的机关单位房屋和居民房屋全部被洪水冲毁，地方政府通过抢险救灾资金，在格垄沟口附近为灾民和机关单位临时搭建活动板房，保障灾民和机关单位在抢险救灾期间的正常生活和工作。

水电移民安置与灾后重建项目的协同配合，紧密衔接，确保了项目的顺利实施，保障了灾民和机关单位利益，展现了央企敢担当、敢作为、人民群众利益至上的社会形象。

在竹巴龙防护工程与地方灾后重建项目整合建设工作过程中，苏洼龙水电站探索出了一条移民安置与地方灾后重建项目整合利用多方面条件、联合规划设计、协调组织施工、协同建设的新路径。

(5) 苏洼龙水电站探索出一条项目整合多方协同的管理新模式。在整个抢险救灾和移民安置工作同步实施过程中，如何将灾后重建项目建设与移民安置建设项目整合，如何通过项目整合建设保障涉及地区老百姓的长远发展，是摆在各方实施移民安置与灾后重建工作面前的一道重大课题。项目整合建设的关键在于管理的整合，尤其是在突发事件条件下项目整合建设过程中对项目现场多方协调管理的系统性把握。

白格堰塞湖泄洪险情发生后，为配合地方政府抢险救灾和确保水电站建设安全，华电集团坚决落实中央指示精神和国资委、国家能源局要求，第一时间迅速反应，召开紧急会议，对险情进行研判，并立即成立以董事、总经理、党组副书记为总指挥，党组成员、副总经理为副总指挥的应急指挥部，启动Ⅰ级响应应急预案，印发了《关于立即启动金沙江堰塞湖险情应急响应的紧急通知》。旋即派出现场应急工作小组赶赴现场，密切联系对接应急管理部联合工作组及地方工作组，帮助、督促、指导华电金上公司、华电云南公司配合地方政府开展现场工作。中国电力建设集团有限公司领导在险情发生时立即作出指示，要求各相关单位务必按照国家及地方有关要求，发挥电建力量，全力投入抢险。水电总院、成都院、北京院等单位紧急部署应急抢险工作，第一时间率领抢险技术团队奔赴现场，前后方联动，昼夜不停地开展溃堰洪水分析，迅速提出应急处置初步方案，上报国家有关部门及现场应急管理部门，为国家及地方应急抢险决策提供技术依据。同时，各级电站设计、施工驻场人员加强巡查监测，及时组织专家团队，对洪水泄流区域可能对沿江群众和基础设施造成的影响开展24小时不间断的监测、预警、评估、上报等工作，积极与巴塘县、芒康县、白玉县、贡觉县等沟通并制定相应的应急避险方案，协助各县完成库区居民应急避险工作，确保未发生人员伤亡情况，未发生群众重大财产损失。

在整个抢险、灾后项目重建及移民安置项目恢复协同工作过程中，金沙江上游水电开发项目，通过缜密分析、全面系统谋划，采取一系列措施，本着人民至上、安全至上的理念，探索出一条在特殊时期政府与中央企业管理高度融合，步调协调有序，实施移民安置与灾后重建项目管理的新模式，最大限度地降低了自然灾害对人民群众生命财产造成的损失影响，保证了下游各级电站运行稳定，维护了社会稳定，实现了项目建设与社会发展的良性结合。

4.3.6 有机结合，移民搬迁安置助力脱贫攻坚

在实施过程中，金沙江上游各梯级电站与地方政府的扶贫搬迁、基础设施修建等进行统筹结合，有效带动区域移民脱贫致富[20]。

1. 统筹结合"三岩"片区整体易地扶贫搬迁

西藏自治区昌都市的"三岩"片区下辖贡觉县克日乡、罗麦乡、沙东乡、敏都乡、雄松乡、木协乡以及芒康县戈波乡，共涵盖45个行政村，总面积达1791km²，包括1.5万亩的耕地、124.9万亩的林地和108.8万亩的草场。该地区共有2752户16588人，其中建档立卡贫困户为1514户，涵盖8022人，贫困发生率高达60.88%，属于典型的"一方水土养不活一方人"的深度贫困地区。为贯彻落实党的十九大和习近平扶贫开发战略思想，西藏自治区政府于2018年发布了"三岩"片区跨市整体易地扶贫搬迁实施方案等相关文件。在"十三五"规划期间（至2020年），计划完成"三岩"片区的整体易地扶贫搬迁，助力当地居民早日脱贫，共享国家改革发展的成果。

金沙江上游各水电站中拉哇水电站、叶巴滩水电站建设征地范围恰好涉及"三岩"片区，因此在实施过程中积极与地方政府沟通协商，提出对应的实施方案，分析各实施方案的优劣势和可能存在的困难和风险、需要关注的问题和注意事项，从而为后续实施操作提供技术支持。例如，针对生产安置方案便提出了对应的实施方案及建议供地方政府参考：

生产安置方案一：从政策方面上享受"1+1方案"，意思是指这部分移民（扶贫对象）从叶巴滩水电站足额领取自主安置费用，同时在新的易地扶贫安置点，享受安置地政府配备的人均至少2亩耕地，但享受不到电站移民生产安置费用，这可能使这部分移民产生攀比心理，可能导致部分移民情绪不佳抵触移民安置工作，需政府加强引导和宣传工作。

生产安置方案二：从政策方面上享受"1+0方案"，意思是指这部分移民（扶贫对象）要么从叶巴滩水电站享有生产安置权益，足额领取自主安置费用，到新的易地扶贫安置点不再配置耕地；要么到新的易地扶贫安置点享有人均至少2亩耕地，而不再领取叶巴滩水电站自主安置费用。风险在于地方政府可能难以操作，移民产生抵触情绪，不配合整体易地搬迁工作，对扶贫工作造成制约。

生产安置方案三：两者兼顾，这部分移民（扶贫对象）从叶巴滩水电站享受生产安置权益，足额领取自主安置费用，到新的易地扶贫安置点可适当降低其耕地配置标准，多余的耕地指标分配给非电站移民。风险在于目前没有相关政策文件依据支撑，需研究出台相关政策文件。

另外，对于移民补助类费用的补偿，也拟定了"1+1方案""1+0方案""结合方案"3种方案，通过优劣势分析，推荐采用"结合方案"，即基础设施恢复费原本属于移民个人费用，但易地扶贫搬迁集中安置后，所有的基础设施配套和费用均已得到解决，不宜再发放给移民个人，建议将基础设施恢复补偿费用1447.04万元交由迁入地政府统筹用于改善移民安置集中点相应的公共配套基础设施（水电路网等）。但需要面对移民验收和资金审计工作，需要研究配套相关政策。通过上述方案的拟定与优劣判定，提出实施建议，最大限度地促进了移民搬迁安置与脱贫攻坚工作的有机结合，为移民搬迁助力脱贫攻坚提供了新思路、新方向。

2. 改善地方基础设施

与地方政府紧密沟通协调，改善移民周边基础设施，同时惠及水库淹没线线外的贫困群众，加速推动周边区域内群众摆脱贫困，共享国家发展红利。

以苏洼龙水电站为例，苏洼龙水电站在移民安置点建设过程中，考虑发展容量，以高标准配置基础设施，让移民能用上安全放心的自来水、稳定的电力、可靠的通信信号及干净的厕所。在电站主体工程和移民复改建规划设计时，统筹工程建设与群众出行需要，新建西索通乡公路47km，新建跨江大桥1座，提高标准复建跨江大桥3座。通过基础设施的全面升级彻底结束了西藏昌都市芒康县索多西乡和朱巴龙乡的6个村委会、13个村民小组不通公路的历史。提高标准复建G215 44.7km，极大改善了苏哇龙乡至巴塘县城的交通条件，彻底解决两岸百姓安全通行问题（图4.28）。同时，苏洼龙分公司在建设业主营地时，统筹考虑改善项目所在的索多西乡供水系统，改造供电线路，新建通信基站，为群众脱贫致富提供了有利条件。

3. 结合脱贫攻坚进度提前实施移民工程

移民工程推动过程中，及时了解地方扶贫政策及相关举措，与地方政府紧密协作，结合地方扶贫方针战略提前实施移民工程，移民与扶贫共同推进，节约国家资金，避免移民线内出现新建扶贫工程后又拆除的情况。

4. 项目法人采取助力脱贫攻坚的举措

项目法人以移民安置带动群众脱贫致富，以定点帮扶拉近地企距离。

(a) 原竹茨公路　　　　　　　(b) 复建的G215

图4.28　交通条件改善

在移民安置补偿方式方面，采取逐年货币补偿安置方式，解决了土地资源环境容量制约问题，且根据当地亩产值标准每三年进行一次调整，补偿年限持续至电站停止运营，解决了库区移民长久以来"靠天吃饭"的问题。在房屋补偿方面，考虑到涉藏地区房屋装饰装修的需要，以相对较高的标准对整个库区房屋进行补偿，保障移民能实现"安居乐业"。研究并明确了涉藏地区特色实物指标和宗教设施调查方法及补偿原则，做到移民物质及精神生活双保障，实现达到并逐步超过原有生活水平的安置目标。

在定点帮扶方面，华电金上公司参与地方精准脱贫工作，分别向芒康县和巴塘县投入脱贫帮扶资金500万元，定点帮扶扶贫村，选派了驻乡党委副书记和驻村第一书记，完成了村情调研和帮扶方案编制，设立15万元华电奖学金。同时，公司按照"两岸平衡，投入相当"的原则，结合工程建设进展，对水电站建设涉及的德格、白玉和巴塘3个县各选择1个村进行定点帮扶，已与甘孜州及德格、白玉和巴塘3县协商拟定了具体帮扶方案，正组织实施。同时，加大就业扶贫力度，结合项目开发进展，与有关高校签订了45人的"三定"（定向招生、定向培养、定向安置）培养协议，还将通过录用当地大中专毕业生，外包业务定向用工等方式，为当地移民提供更多的就业岗位。

这些措施有助于提高当地居民的生活质量，促进经济发展，同时也为脱贫攻坚事业做出实质性的贡献。通过长期的支持和合作，项目法人可以在地方脱贫进程中扮演积极的角色，促进经济社会的持续健康发展。

5. 有序组织移民参工参建

在电站建设过程中，需要大量的劳动力和机械设备。为落实脱贫攻坚任务，增加居民收入来源，地方政府高度重视，经多次与项目法人沟通协调，最终商议，项目建设过程中，技术难度小的单体项目分包地方实施，有效解决了移民就业难的问题，并提出"参工参建"等优越的管理办法，实行"县主导、乡统筹、村参与"的实施原则,参与建设的移民"有人管、有钱挣",合理化解了电站建设过程中阻工现象。

4.3.7 规范管理,提高资金管控以保障工作进度

1. 宏观管理层面

在华电集团的科学领导下,加强与地方各级政府及移民主管部门的沟通协调,按照积极稳妥、科学有序的原则,推进征地移民各项工作,移民工作进度和投资可控在控,确保了工程建设顺利进行[21]。

(1) 在项目实施过程中,华电金上公司全面贯彻落实集团公司战略部署,牢固树立"基建即经营"的大经营理念,将控制征地移民投资与控制工程投资同等对待,坚持外争政策、内强管理,紧盯目标、细化措施、完善机制、狠抓落实,在征地移民政策执行、规划方案编制、征地移民搬迁实施组织等方面全方位全过程控制投资,大力增强经济价值创造能力。

(2) 科学合理地编制移民规划大纲和规划报告是做好征地移民工作的基础,也是有效提高资金管控力的前提。华电金上公司严格执行集团公司的相关管理要求,加强规划设计质量管控,严格按照"先内审,再外审"的原则,加强内部过程管控。

(3) 农村移民实施"早启动早搬迁"策略。结合金沙江上游流域实际情况以及两岸精准扶贫、易地搬迁要求,在具备"早启动早搬迁"条件的项目中,应尽早启动搬迁计划,加快进度,缩短工作周期。这样可以避免政策调整、方案变更、物价上涨或地方政府需求变化等因素导致移民投资增加。这样的策略有助于确保计划的顺利实施,并最大限度地减少潜在的风险和不确定性。

(4) 移民工程项目建设多模式多优势。对于技术含量不高、较为安全的项目由县政府自行组织实施,对于技术含量高、有一定危险性、影响面广的重大关键项目,充分利用业主或主体设计单位的技术优势,实施代建模式,交由专业团队服务,实现共赢。

2. 具体管理层面

华电金上公司全面贯彻落实集团公司战略部署,牢固树立"基建即经营"的大经营理念,将控制征地移民投资与控制工程投资同等对待,坚持外争政策、内强管理,紧盯目标、细化措施、完善机制、狠抓落实,在征地移民政策执行、规划方案编制、征地移民搬迁实施组织,全方位全过程控制投资,

全力提高项目经济性。争取除国家政策调整变化外，征地移民投资控制在审定的设计概算内，重点是专业项目不超概算。

为此，华电金上公司专门制定了《华电金沙江上游水电开发有限公司水电工程移民工作管理办法》，规定了职责分工、计划考核、移民规划设计和实施阶段控制措施、档案管理、风险控制等相关内容。

（1）职责分工。

1）公司水电工程移民管理工作实行项目单位负责制，公司全过程给予指导、协调、监督和考核。

2）公司水电工程移民工作由移民管理部归口管理。

3）项目单位是水电工程移民管理的工作主体和责任主体，全面负责水电工程移民工作的过程管理，负责市（州）及有关部门（单位）和以下层面征地移民方面的协调沟通工作，配合公司做好有关协调沟通工作，协助地方政府开展项目征地移民相关政策的落实和宣传培训工作。项目单位应根据工作需要设立或指定征地移民管理部门，明确分管领导、配备专职人员，开展移民管理工作。移民工作任务重、难度大、情况复杂的项目，须设立单独的移民管理部门。

（2）计划考核。项目单位应根据前期工作计划和年度基本建设计划，编制移民安置前期工作计划和年度移民搬迁安置计划，待地方移民管理机构同意后，经公司审核同意报集团公司批准后下达执行。

（3）移民规划设计和实施阶段控制措施。

1）项目单位组织编制水电工程预可行性研究和可行性研究报告阶段建设征地实物指标调查细则及工作方案，先报公司组织内审（征地移民工作量较大或情况较复杂的项目，经公司审核同意报集团公司组织内审），再按程序报地方政府审批。

2）项目单位组织编制移民安置规划大纲、移民安置规划报告和"先移民后建设"实施方案，先报公司组织内审（征地移民工作量较大或情况较复杂的项目，经公司审核同意报集团公司组织内审），再按程序报地方政府审批。经批准的移民安置规划大纲、移民安置规划报告和"先移民后建设"实施方案报公司和集团公司备案。

3）移民安置监督评估，由项目单位按照省级政府有关规定，与地方移民管理机构采取招标方式共同选择移民安置监督评估单位，签订移民安置监督评估协议，开展监督评估工作。移民综合设代，原则上由项目单位与地方移民管理机构共同委托电站主体设计单位承担。

4）移民搬迁安置应按照政府批准的移民安置规划方案进行，原则上不采取过渡性搬迁。移民安置规划中明确可以采取过渡性搬迁的，其移民过渡性生产生活补助标准和期限不得超出移民安置规划的规定。

5）项目单位必须按照移民安置协议和移民安置年度计划，确保移民资金足额到位。

6）项目单位应积极主动与地方政府及移民管理机构、移民监督评估单位和移民综合设代单位等有关方面建立联合工作制度，加强沟通、协调，共同做好移民工作。项目单位应积极争取地方各级政府及移民管理机构、专业项目权属单位支持，对城（集）镇迁建、基础设施、专业项目复建等工程实行代建。代建工程按照公司工程建设有关程序和制度进行管理。

7）项目单位代建的移民工程，按照公司招投标管理有关程序和制度，通过招投标方式确定施工单位。招标评标过程中，应邀请地方政府及移民管理机构、监察部门人员参与。

8）移民安置实施过程中发生的设计变更，由移民监督评估单位组织地方政府、项目单位、移民综合设代单位、施工图设计单位等共同研究，达成一致意见。一般设计变更，由综合设代单位、施工图设计单位提出设计变更单，各方签字确认；重大设计变更，由综合设代单位、施工图设计单位编制设计变更报告，先经公司审核同意报集团公司组织内审，各方确认并达成一致意见后，报原审批机关审批。移民安置实施过程中，如需对已审核的移民安置规划进行调整修改、补偿投资进行调整的，项目单位应组织编制移民安置规划调整修改报告、补偿投资调整报告，先经公司审核同意报集团公司组织内审，再按程序报原审批机关审批。批准文件作为移民安置规划和移民投资概算调整的依据，同时报公司和集团公司备案。

9）项目单位应在项目核准后及时办理建设用地手续，切实加强工程建设用地管理，确保规范、合法用地。项目单位根据工程进度提出截流、下闸蓄水等阶段性移民安置专项验收和移民安置竣工验收计划，向地方人民政府提出验收申请，配合各级移民管理机构开展移民资金专项审计等相关验收准备工作，全过程参与移民安置验收。

10）项目单位应定期向公司报告移民安置实施情况，并按照公司和集团公司统计要求，定期统计上报相关数据。项目单位要按照审定的移民投资概算从严从紧控制各项移民费用支出，严格控制移民投资概算。

(4) 档案管理。

1) 项目单位应建立健全移民工作档案，明确从事移民档案管理的人员，参与本项目移民档案工作的监管，负责做好本单位移民档案工作，项目单位应将移民档案工作纳入移民工作计划和移民工作程序，纳入移民管理部门及其人员的工作职责并进行考核。

2) 移民档案工作应与移民工作实行同步管理，做到同部署、同实施、同检查、同验收。

3) 项目单位应采用现代信息技术，加强对移民档案信息管理，确保移民档案的有效利用。

(5) 风险控制。

1) 项目单位应主动配合地方政府开展移民搬迁安置宣传和培训工作，明确和制定工作计划，纳入征地移民管理部门及其人员的工作职责并进行考核。

2) 项目单位应配合地方政府开展移民稳定风险评估和突出隐患动态监测工作，并根据实际情况制定本单位应对移民突发事件的应急预案。当出现移民上访、阻碍工程正常施工等突发性、群体性事件时，项目单位应按照《华电金沙江上游水电开发有限公司重要情况报告制度》和《华电金沙江上游水电开发有限公司水库移民突发事件综合应急预案》的规定，及时上报公司，并配合地方政府积极处理和平息移民突发事件。

4.3.8 多措并举，以人为中心维护社会稳定和谐

(1) 依法依规开展建设征地移民安置相关工作，切实维护社会稳定和谐。在实施过程中，金沙江上游水电开发严格按照国家、四川省、西藏自治区相关政策，将移民实施过程中的每一步工作都依法依规落实到行动中，结合巴塘县、芒康县、贡觉县、白玉县各个水电站的情况，各县制定了各个水电站的移民实施管理办法、资金管理办法、人口界定管理办法，并严格落实到移民工作中。在签订协议时，先行开展政策宣传解释，逐项向移民解释移民协调条款、移民资金明细及兑付情况，并在过程中全程摄影摄像，在协议签订后按档案管理办法对档案进行管理。在人口界定过程中，严格执行上门入户核实，公开透明、有据可依地核定人口，核定完人口后，采取张榜公示。在移民工程实施过程中严格履行建设项目程序，项目建设各方认真履职尽责到位。

在工程截流、蓄水验收时，严格履行相应的验收程序，充分了解移民诉

求，提前化解风险，并制定相应标识，警示水位线，减少由于蓄水水位变化引起的区域社会稳定问题。在蓄水验收前，开展蓄水阶段的社会稳定风险分析和评估工作，通过社会稳定风险分析和评估报告的编制，全面分析各方所关注的问题，明确界定工程蓄水涉及的利益相关者范围，重点揭示工程蓄水可能引发的社会不稳定因素，判断可能引发社会矛盾及冲突的激烈程度，可能产生的各种负面影响，以及提出相应防范措施和应急预案，按照工程蓄水对社会稳定可能造成的风险程度，做出该项目初始预警风险等级评判结论和采取措施后项目风险等级的评判结论（图4.29和图4.30）。

图 4.29　社会稳定风险专家调查会　　图 4.30　现场开展问卷调查

（2）以人民为中心，合理处理移民诉求。正确认识涉藏地区风俗习惯与历史沿革，重视涉藏地区风俗与涉藏地区社会稳定发展的深刻联系，合理对待涉藏地区风俗习惯，切实维护涉藏地区稳定。以建设征地相关区域广大移民群众的根本利益为出发点和落脚点，充分了解居民、企事业单位的合法权益和合理诉求。通过从源头预防和减少矛盾，及早发现和化解潜在风险，有针对性地采取措施来保障项目的成功实施。对于移民提出的诉求，以书面答复函的形式提供解释回复。例如，在白格堰塞湖泄洪后及时处理鑫曲藏鸡养殖场的诉求，解决占地不占房等问题，这样的处理方式能够有效地维护社会稳定，促进项目的顺利推进。

（3）重视政策宣传、公众参与和信息公开工作，充分征求移民及相关权属人意见。在实施过程中，各水电建设项目移民工作成立县级和市州级工作组专班负责政策宣传和政策解释，主要包括国土局、移民局、水利局、公安局等，使移民了解相关政策以及批复的规划设计成果，强化国家、川藏两省（自治区）政策、规程规范和批复设计成果的严肃性；对于涉及百姓切身利益的人口界定成果、新增实物指标等严格履行移民程序；对于集体财产的补偿，应当公开对村民进行说明，由村支书组织村民会议，进行集体讨论和决策。以苏洼龙水电站南戈西运局居民点为例，村民通过集体表决、公开公示的方式决定将集体财产的补偿款用于建设集体经济经营用房，得到了全体村民的支持和认可。在制定生产安置和搬迁安置方案时，在签订协议之前应当认真解释政策，与移民沟通确认意愿，确保协议的真实性和可履行性。

（4）及时、有效、规范地处理移民诉求，把不稳定隐患扼杀在摇篮中。移民安置工作过程中，巴塘县、芒康县、贡觉县、白玉县都成立问题处理工作组，专项处理移民提出的各种诉求，通过现场沟通、村级协调会、乡镇级协调会、县级协调会等方式集中、快速处理移民的各项诉求，并在最短时间内给予移民答复。对于一般性问题，严格维护国家、川藏两省（自治区）批复的规划设计成果，由移民综合监理、移民综合设代、项目业主组成的工作组及时向移民解答，解答过程采取纸质记录留痕，摄影、摄像留记录；对于反映强烈的问题，采取村级协调会、乡镇级协调会、县级协调会方式，逐级协调解决，一周内各方达成统一意见，形成书面解答、解释材料，工作组严格按照书面材料，向移民解答、解释。同时，县级与项目业主之间的工作方式采取周例会制度，定期组织协调解决问题，建立快速响应机制，确保移民的反馈诉求在一周内得到解答。这种办事方式让移民群众感受到移民工作组真正关心移民、真实解决问题的工作态度。通过持续关注和及时回应，融入"些小吾曹州县吏，一枝一叶总关情"的情怀，赢得了移民群众的情感支持和理解。在这个过程中，不合理和不合规的诉求得到有效化解，而合理、合规的需求得到及时满足，从而消除了不稳定因素，确保社会稳定。

4.3.9 利益共享，促进地方经济社会可持续发展

水电开发利益共享机制分为直接共享方式（直补式）和间接共享方式（开源式）两种。逐年货币补偿生产安置方式解决基本生活保障问题、基础设施建设提高标准和建设规模解决可发展基础条件，"开源式"技能培训及就业解决持续发展问题、水电移民及其他涉农资金的综合利用解决发展提升问题。

在生产安置方面，逐年货币补偿生产安置方式直接解决了生存问题。在移民安置补偿方式方面，金沙江上游水电开发项目采取逐年货币补偿安置方式，解决了土地资源环境容量制约问题，规划拟定根据当地亩产值标准每三年进行一次调整，补偿年限持续至电站停止运营，解决了库区移民长久以来

"靠天吃饭"的问题。

在基础设施建设方面,通过调高标准和建设规模解决可发展的基础条件。在电站主体工程和移民复改建规划设计时,项目统筹工程建设与群众出行需要,新建西索通乡公路47km,新建跨江大桥1座,提高标准复建跨江大桥3座。通过基础设施的全面升级改造彻底结束了昌都市芒康县索多西乡和朱巴龙乡的6个村委会、13个村民小组不通公路的历史。提高标准复建G215 44.7km,极大改善苏哇龙乡至巴塘县城的交通条件,彻底解决了两岸群众安全通行问题。同时,苏洼龙分公司在建设业主营地时,统筹考虑改善项目所在地索多西乡的供水系统,改造供电线路,新建通信基站,为群众脱贫致富提供了良好的保障。

为了解决当地经济社会发展滞后、就业困难的问题,苏洼龙分公司根据华电集团和华电金上公司规定的"三定"培养方案(即定向招生、定向培养、定向安置),在库区范围内,从4个乡126名符合条件的建档立卡贫困生中挑选了15名学生,前往四川水利职业技术学院进行全日制专业技术学习,其间的生活费用、往返路费以及学费将由苏洼龙分公司承担。学成后,这些学生将回到苏洼龙水电站从事运营工作,实现"一人就业、全家脱贫"的目标。

根据水电项目业主要求,各参建单位和营地物业单位优先将保安、保洁、保绿等公益性岗位委派给当地居民,且当地雇用比例不得低于40%,有助于促进当地居民通过自身劳动脱贫。目前,在苏洼龙水电站工区稳定就业的员工平均年收入超过4万元,家庭条件得到显著改善。除提供就业机会外,苏洼龙分公司在电站核准开工前,与芒康县合作,组织30名移民赴重庆接受技能培训,提高就业竞争力。在水电站建设过程中,公司与地方政府友好协商,有序引导当地居民参与工程建设。公司牵头协调各方,将技术含量低、安全风险较低的工程交由地方政府组织实施。整个工作过程遵循"合法、合规、政府主导、市场操纵"的原则,通过"县统筹、乡组织、村参与"的方式,促使"施工区、移民区、影响区"三区居民参与工程建设。在当地政府统一领导下,公司组织村民参加挖掘机、装载机、汽车驾驶等培训,提升了村民的专业技能,为脱贫致富奠定基础。同时,公司将水电站项目建设除洞室开挖外40%的运输工作委托给地方组织实施,支持当地400余人、170余辆车参与到工程建设中。

苏洼龙分公司与地方政府保持密切沟通,全力支持当地发展相关产业发展,为移民群体增加收入创造有利条件。按照华电集团和华电金上公司的总体部署，分公司在沿江的两个县实施了精准扶贫项目，承担了所涉及的两个村 131 户 777 人的精准帮扶任务。通过定点、定资金、定项目的精准帮扶方式，开展了"三定"扶贫活动。经调研，苏洼龙分公司向巴塘县和芒康县的精准扶贫项目投入了 500 万元，支持当地产业扶贫项目，在扶贫工作中"输血"与"造血"功能齐头并进。

水电移民应积极探索如何综合利用移民安置和其他涉农资金，进一步研究解决移民安置的长远发展问题。金沙江上游水电移民安置工作在实施过程中，积极探索水电后期扶持政策与国家及地方乡村振兴及其他相关惠农政策的综合利用方式，力求实现水电移民利益分享机制与国家、地方惠农政策的有效结合，全面提升移民安置质量，促进移民与地方经济社会的可持续发展。

4.4 积极推动移民后续发展

随着逐年货币补偿安置方式的推行，移民在就业方面有了更多的时间和空间；政府加强了对移民的技能培训，促进其就业机会；政府引导移民开设民宿，促进旅游业发展；利用集体资产建设集体经营性用房，并进行分红；同时，业主实施定点帮扶计划，每个县提供 500 万元的支持。

4.4.1 创新规划理念，奠定后续多维发展基础

（1）在规划理念创新方面，一方面，采用逐年货币补偿安置方式对生产安置人口进行妥善安置；另一方面，在房屋补偿规划过程中，根据当地民族、地质条件及要求，兼顾考虑装修、抗震以及深基础等因素，制定合理补偿费用。

1）在移民生产生活方面，金沙江上游各梯级电站在总结国家和川藏两省（自治区）已建在建项目移民安置成功经验的基础上，对生产安置人口采取逐年货币补偿安置方式。这一创新理念打破了传统的一次性补偿模式，采用逐年货币补偿的方式，不仅为移民提供了稳定的经济来源，还鼓励他们积极投身到第二、第三产业中，实现了从依赖土地到多元增收的转变。同时，这种安置方式也促进了地区人口交流，扩大了农民增收渠道，逐步改善了生产生活条件。

2）在住房方面，金沙江上游部分居民原有房屋存在质量较低、抗震等安全隐患的情况。移民安置之后，房屋的补偿按照全新价格进行重置，同时考

虑到装修和抗震要求以及深基础补助。针对那些难以自行建房的家庭，按规定提供建房困难补助，从而显著提升移民的住房条件。移民居民点的基础设施符合乡村振兴和美丽乡村建设的要求，按照国家现行技术标准进行"三通一平"，同时配备水电路、文教卫等基础设施和公共服务设施，致力打造具有民族特色的生态宜居美丽家园。

（2）在理念创新的基础上，规划力求对当地基础设施、产业发展、城镇体系等统筹兼顾，多维发展。

1）在基础设施方面，在金沙江上游各梯级电站所涉及的地区，原有的交通、电力和通信等基础设施条件相对滞后，公路等级不高，路况欠佳，导致部分地区交通困难。随着水电工程的开发建设，对于项目建设征地涉及的交通、电力、通信以及广播电视等基础设施，根据国家现行政策规定，结合农村移民安置规划和城镇迁建规划，并与省级以上行业主管部门发布的基础设施相关规划相衔接，依据国家和行业标准进行规划设计和建设实施。这些举措不仅大幅改善了当地的基础设施，也有效推动了地区的社会经济发展，巩固并拓展了脱贫攻坚成果，促进了乡村振兴，并增强了当地居民的内生发展动力。这一系列措施为当地的长治久安、居民的安居乐业创造了更有利的条件。

2）在产业方面，各电站在建设期间缴纳的耕地占用税、耕地开垦费、森林植被恢复费、草原植被恢复费等相关税费总额超过 12 亿元。金沙江上游水电开发通过税费返还与后期扶持资金的灵活运用，开创了产业扶持的新模式。这些税费中的部分被划归至地方政府，可用于中低产田改造、高标准农田建设、兴修农田水利、耕地占补平衡、植树造林以及森林和草原植被的恢复等项目。电站建成后，每年征收的后期扶持资金可根据规定用于支持移民的产业发展和技术培训。同时，在尊重移民意愿的基础上，还可以整合林地、未利用地等土地的补偿费用以及其他涉农资金，推动旅游服务、绿色香料、生态农业等特色产业的发展，以实现产业兴旺的目标。这种"输血"与"造血"并重的策略，不仅增强了当地经济的内生增长力，也为实现产业兴旺、乡村振兴奠定了坚实基础。

3）在集镇、居民点建设方面，金沙江上游川藏段水电开发过程中涉及的 4 个县城、2 处集镇（街场）和 2 处居民点多为自然形成，缺乏统一规划，其中部分城镇存在安全隐患，城镇体系亟待优化。金沙江上游川藏段水电开发项目对原有散乱无序的城镇体系进行了系统性优化，通过科学规划、合理布局，结合当地自然风貌与民族文化，打造出一批既符合国家标准又富含民族特色的生态宜居美丽城镇。这一创新实践，不仅解决了历史遗留的安全隐患与设施落后问题，更为当地社会经济的可持续发展铺设了坚实的基石，让居民在享受现代生活便利的同时，也能感受到浓厚的文化归属感和幸福感。

4.4.2 强化技能培训，助力农民就业创业

金沙江上游水电工程在建设征地移民安置规划及实施过程中，把农民增收作为工作的中心任务，发展高效规模农业，积极释放农业内部增收潜力，结合水电工程建设的契机，加强移民技能培训，促进移民就业创业。

逐年货币补偿安置方式保障了移民的基本生活，也大大释放了移民群体的劳动力，在此基础上，通过技能培训，有效扩宽移民的就业创业道路。金沙江上游各梯级电站组织移民开展有针对性的技能培训，培训范畴涵盖餐饮业、机械维修、驾驶技术、民宿管理等方面。在移民参加挖掘机、装载机、汽车驾驶培训后，根据电站建设需要，将部分运输工作委托地方组织实施，支持当地人员就业；在移民参加民宿管理培训后，通过整合安置资源，根据移民安置规划打造民宿区块，结合当地旅游发展规划，拓展移民创业空间。流域各梯级电站通过助力农民就业创业，也带动地方经济发展，当地居民家庭可支配收入也得到提升。

4.4.3 整体规划民宿，促进区域旅游发展

根据区域经济规划，金沙江上游地区明确将旅游业定位为经济发展的关键领域。在进行水电工程移民安置工作时，地方政府与项目建设单位展开全方位讨论，探讨区域发展与水电开发结合互促的开发模式。在移民安置过程中，结合近年来民宿行业的发展趋势，鼓励移民充分利用当地特色，打造民宿区块。例如，苏洼龙水电站所涉及的南戈村，通过整合安置资源，并结合当地旅游发展规划，在安置点规划设计和建设过程中，鼓励移民结合民族特色打造民俗板块。村集体通过修建集体房屋，开设宾馆、超市等业务，以实现移民的收益共享。这一举措不仅解决了当地旅游业发展中住宿资源短缺的问题，同时也有效促进了移民安置地区后续社会经济发展，拓宽了移民的生活与生产出路（图4.31~图4.36）。

4.4.4 建立挂钩帮扶，安置与发展齐头并进

金沙江上游水电工程在开展移民安置工作的过程中，根据地方经济特点

图 4.31　南戈村居民"全家福"

图 4.32　南戈村居民点配套娱乐设施及村委会

图 4.33　南戈村居民点自建民宿酒店

图 4.34　民宿酒店室内配套天然温泉泡池

图 4.35　南戈村居民点盛喜梅朵馆（村史馆）

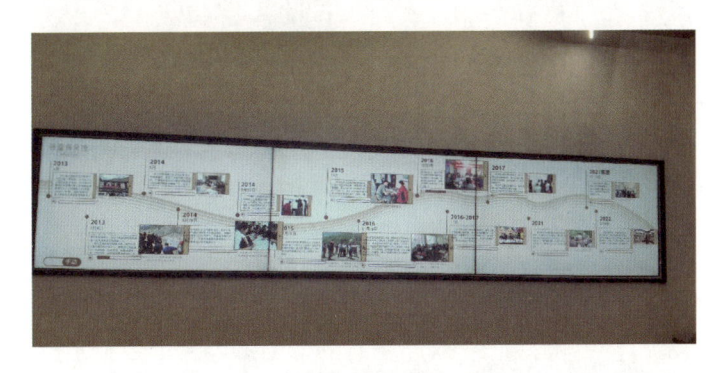

图 4.36　村史馆电子显示屏展示苏洼龙水电站建设历程

并结合扶贫政策，对经济落后地区进行精准扶贫，同时，积极推进资产收益振兴乡村经济，保障移民多渠道受益。如苏洼龙水电站在移民安置过程中，华电金上公司苏洼龙分公司与道冉村实行对口扶贫帮扶，出资 500 万元用于道冉村精准扶贫，积极推动当地经济发展。

4.4.5　善用集体资产，保障移民长期收入

金沙江上游电站在集中安置规划过程中首要考虑村民利益，在规划空间布局上着重让利于百姓，即在基础稳定、平整且地理环境较好的地段，优先为老百姓提供建房用地，而余下部分则用于公共建设。在安置地建设过程中，将移民搬迁与打造美丽生态旅游小镇相结合，在功能上遵循新农村建设的要求，充分考虑全域旅游和民族文化因素，从而进行综合设计、规划和建设。

南戈村在参考我国其他地区旅游规划的优势思路的基础上，将集体林地、草地和附着物补偿补助费统筹，在居民点附近（G318附近）建设集体经营性房屋，建筑面积约300m^2，共三层，包括铺面及住宿用房，进行对外出租，由村委会统一管理，村民以分到的集体补偿费入股，获得的利润以分红形式分配给村民。通过合理利用集体资产，为村民开拓长期、稳定的收入来源，切实保障移民的长期收入（图4.37和图4.38）。

图4.37　南戈温泉民宿村（南戈村居民点）

图4.38　南戈村居民点集体经营房

第5章

移民安置实施效果

根据金沙江上游水电开发移民安置实践情况，从以下几个方面总结苏洼龙、叶巴滩、巴塘和拉哇等水电站项目，取得的总体实施效果和亮点。

5.1 移民安置卓有成效

5.1.1 实现移民安居乐业，奔向幸福小康生活

金沙江上游苏洼龙、叶巴滩、拉哇、巴塘等4座水电站，地理位置独特，位于西藏自治区和四川省交界的高山河谷地区，在工程建设前库区居民常年居住在高海拔的高山峡谷地区，居住环境和居住条件较为恶劣；受限于局部耕地资源的稀缺性，当地社区经济活动主要依赖半农业半畜牧业模式，导致收入水平低下且经济来源单一化现象显著。水电工程的推进及随之而来的移民安置政策，从根本上改变了这一局面，不仅极大改善了当地居民的居住环境与条件，还通过依托地方政府的统筹规划与多元化资金投入，显著提升了移民新居乡村的村容、村貌，实现了移民安居乐业，使居民朝着幸福生活的愿景稳步前行（图5.1和图5.2）。

移民实现安居，主要体现在三个方面。①集中安置点选址科学。通过避开泥石流易发区域、设置截排水沟渠等措施合理选取居民点地址，库区居民点的居住安全得到有效保障。②注重文化传承与居住舒适性。新居设计充分尊重并融入藏族文化特色，不仅在建筑外观上体现了藏式风情，而且在功能上保留了如屋顶平台等传统元素，既满足现代生活需求，又保留了传统文化

图 5.1　原南戈村全貌

图 5.2　搬迁后南戈村居民点

的韵味，极大提升了移民的居住满意度。③结合旅游开发促进村落风貌与经济双赢。集中安置点及周边乡村的建设，不仅保留并发扬了藏族的民族特色，还与 G318 旅游环线相结合，打造出一系列具有吸引力的旅游景点，为移民提供了参与旅游业发展的契机，促进了当地经济的多元化发展。

　　在实现移民安居的基础上，移民还享受到乐业的幸福，体现在持续稳定的经济收益、对本土自然资源的持续利用，以及劳动力向其他增值产业的有效转移，从而显著地提高了家庭收入。这一切都要归功于金沙江上游的苏洼龙、巴塘、拉哇、叶巴滩等水电站工程建设以及移民安置的相关举措，其关键因素可归纳为：①灵活的补偿与就近安置策略。采取逐年货币补偿与居民自主安置模式，确保多数移民不必远离故土，既能维持对周边自然资产的使用权，又因稳定的经济补偿而有能力探索多元就业途径，有效促进了收入增长。②社会结构与文化的连续性：移民无须远迁之后，原有社会网络关系、宗教供养关系得到维系，移民能够很快地适应新的生活方式。③文化旅游融合的创新模式。项目设计融入全域旅游理念，强化地方民族特色，通过景观节点的串联形成了新的黄金旅游线路，不仅带动了村民三产、旅游服务业的发展，增加了村民的收入，同时也打造了涉藏地区的名片，达到了水电站顺利建设与村民增收的双赢效果。④特色产业培育与经济多元化。利用后期扶持资金，助力打造旅游服务、绿色香料、生态农业等特色产业，从而实现产业兴旺的目标。例如，南戈村已全部搬迁至巴塘县城周边，移民房屋采取统规自建形式，融合涉藏地区地域特色风貌规划建设，发展民宿接待，人畜分居，人均住房面积提高至 $45m^2$；安置点规划建设外部供水工程，水量和水质有保障；由国家电网 10kV 供电，南戈村西运局安置点单独设置变压器，输电距离短、电压稳定且电费便宜；安置点规划了村委会、小型超市、广场等，安置点距离巴塘县城约 3km，就医、就学便利（图 5.3～图 5.6）。

图 5.3 G318 复建项目（金沙江大桥段）

图 5.4 35kV 变电站复建项目

图 5.5　竹巴龙集镇区居民自建房

图 5.6　竹巴龙集镇企事业单位复建

5.1.2　巩固脱贫攻坚成果，推进乡村全面振兴

随着金沙江上游的苏洼龙、巴塘、拉哇、叶巴滩等水电站项目稳步推进，西藏昌都市的芒康、贡觉、江达和四川甘孜州的巴塘、白玉和德格共6个县相继打赢了脱贫攻坚战，顺利步入小康社会，并且进入巩固拓展脱贫攻坚成果过渡期。为进一步巩固拓展脱贫攻坚成果，党和国家不断出台政策，接续全面推进乡村振兴。水电站工程建设恰逢其时，在确保移民实现"搬得出、稳得住、能致富"的前提下，从多种途径助推当地巩固拓展脱贫攻坚成果上台阶、乡村全面振兴见实效。

（1）电站建设能够多渠道有效整合资金，全方位保障移民收入水平逐步提高，巩固脱贫攻坚成果。水电站业主积极实行对口帮扶，推动当地产业发展。通过整合林地、未利用地等集体补偿费用入股村集体发展产业，将获得利润以分红形式分配给村民的形式，为村民开拓出一条长期、稳定的收入途径。水电站建成后，每年还有后期扶持资金注入，一方面直接增加移民个人收入，稳固脱贫成效；另一方面通过项目专项扶持，为地方特色产业的孵化与壮大提供资金血液，有力推动了乡村经济的全面振兴。

（2）移民安置结合地方发展规划实施项目，全面带动地方产业发展，推进乡村振兴。南戈村量身打造了旅游民宿（图 5.7），鼓励移民结合当地特色打造民宿区块，村集体经济组织通过修建集体房屋，运营集体物业，涵盖宾馆、超市等多种业态，实现了部分移民分红，不仅解决当地在旅游业发展过程中出现的住宿资源紧缺的问题，而且双向促进了移民安置社区经济的后续繁荣与社会可持续发展，给移民后续生产生活谋划更优的出路。

图 5.7　南戈村居民点旅游民宿

（3）电站工程积极为移民就业创业开拓路径，为移民收入稳定增长创造条件，推进乡村振兴。逐年货币补偿安置和自行安置方式不仅使移民有收益，而且释放了空闲劳动力，为移民转向多元就业领域提供了可能。通过开展有针对性的多轮技能培训，如餐饮服务、机械修理、大型机械设备驾驶、民宿管理等，引导鼓励移民依托房屋和车辆开展餐饮、民宿、运输等个体户经商活动，从而提高家庭经济收入。将移民搬迁安置与打造美丽生态旅游小镇结合起来，南戈村居民点充分利用 G318 这一号称中国最美景观大道的地理优势，打造了一个集住宿接待、休闲和城南名片的具有民族特色风貌的居民点以及巴塘县的网红打卡点，成为巴塘县乡村振兴示范点，金沙江上游移民安置示范点，以及巴塘县、甘孜州、项目法人广为宣传点。另外，积极响应"交通＋旅游"融合发展行动要求，结合项目路线短、沿途村镇少的特点，重点围绕"人文和自然相适相宜、公路和风景有机相融、旅游和出行合二为一"的原则，增加川藏交界景观石碑等，打造小型旅游风景。

5.1.3　加快基础设施建设，支撑经济稳中有进

在金沙江上游的苏洼龙、叶巴滩、拉哇、巴塘等 4 座水电站建设过程中，

同步建设了大量的基础设施项目。

在交通设施方面，苏洼龙水电站规划复建和新建交通工程115.73km；巴塘水电站规划复建和新建交通工程15.68km；叶巴滩水电站新建和复建交通工程74.5km；拉哇水电站复建交通工程74.82km，新建码头3座。在电力工程方面，苏洼龙水电站规划复建和新建电力工程64.2km，巴塘水电站规划复建和新建电力工程18.1km，叶巴滩水电站改建电力工程14.6km，拉哇水电站复建和新建电力工程1km。在通信工程方面，苏洼龙水电站规划复建和新建通信工程484.8km。在供水工程方面，苏洼龙水电站规划复建和新建外部供水输水管道5km，拉哇水电站新建供水管道2km[22-24]。

苏洼龙水电站和巴塘水电站所涉及的专项均已完成建设，完成率100%，进一步加快了当地基础设施的建设，为地方经济高质量发展提供有力支撑。

（1）一系列交通项目的实施，极大改善了当地库周交通条件和当地居民的出行条件，地区社会经济发展得到有效促进。G215苏洼龙段的建设既落实了《2013—2030国家公路网规划》，又实现了对西部综合交通枢纽的完善，是落实国家民族宗教政策、支持民族地区经济建设、实施西部大开发的重要举措，是支持国防建设、稳藏安康、保障战备的重要举措。G318沿途设置了6处停车区和观景平台且全程设置了护栏，依托地势，为实现"建立贯通南北、连接东西、通江达海抵边，承接华南华中、连接西南西北、沟通中亚东南亚的陆海空桥梁，进一步改革开放、加速融入世界"的战略，增加红色壁画，在金沙江大桥增加灯光设施、景观展示牌、景观石等，现已成为G318旅游的风景线和旅游网红打卡地。居民点对外道路项目，改写了当地居民以前依靠人行路和吊桥的历史。交通项目的实施对加强内地与西藏的联系，促进民族地区全面发展，开发甘孜旅游资源，发展民族地区经济，起到了重要有益作用。

此外，这些交通项目不仅仅是简单的基础设施建设，更是促进了旅游业的发展。通过改善交通条件，旅游资源得到了更好的开发和利用。游客可以方便地到达各个景点，这为当地的住宿、餐饮、零售等相关产业带来了巨大的发展机遇，进一步推动了地方经济的多元化发展。

（2）高度重视移民安置居民点建设，采取资金拼盘等措施适当提高居民点基础配套设施的规划标准，综合打造居民点建筑风貌，提升环境景观，增强移民群众的满意度。建设过程中高度重视少数民族文化保护传承，结合当地旅游业发展规划，将居民点打造成了具有民族特色的生态宜居美丽城镇。例如，在竹巴龙居民点建设有生态休闲旅游新村广场，在广场周边设置了游客服务站、停车场、旅游厕所等，发展旅游接待、休闲娱乐、汽车维修、商贸物流等产业。

居民点的建设不仅改善了移民的居住条件，还为他们提供了更多的就业和创业机会。

在移民安置前，金沙江上游川藏段的居民大多以农业为生，经济收入来源相对单一，且受限于自然条件和交通不便，收入水平普遍较低。此外，部分居民可能还面临着贫困、教育水平低、就业机会少等问题。为了保障移民的权益和生计，金沙江上游水电工程在移民安置过程中采取了一系列措施，包括提供安置补偿、建设移民新村、发展特色产业、提供就业培训等。这些措施旨在帮助移民改善生产生活条件，提高收入水平。

移民安置后，居民的生产生活条件得到了显著改善。一方面，移民新村的建设为居民提供了更加安全、舒适的居住环境；另一方面，通过发展特色旅游接待和相关服务产业，移民获得了更多的就业机会和收入来源。此外，随着交通、通信等基础设施的改善，移民与外界的联系更加紧密，信息更加畅通，通信设施的复建和新建，实现了电站库区和移民安置区全网络覆盖。随着数字经济的发展，广大移民就业和产业更加多样化，可以通过抖音、京东、淘宝等网络平台开展直播销售与线上贸易。得益于此，地方实现了新鲜松茸、虫草、牦牛肉的网络季节性热销，邮政、顺丰快递也适时推出新鲜货品快递专线，特色商品能在一天内运达成都，再依托成都货运高铁、飞机销往全国；同时通过网络销售涉藏地区各种特产、民族服饰、文化首饰等，催生了众多网络名人，并孵化出一批网络小微企业，有效增加了农户收入，推动了区域数字经济的成型，助力了涉藏地区数字经济的发展，为当地移民增收提供了有利条件。电站西藏部分建设的输电线路已全部进入国网大电网，彻底取代了小水电和孤网供电的传统模式，显著增强了库区移民的电力供应稳定性。

5.1.4 传承民族优秀文化，促进民族团结繁荣

金沙江上游的苏洼龙、叶巴滩、拉哇、巴塘等四座水电站位于西藏自治区和四川省甘孜藏族自治州，地处我国三大涉藏地区之一，特别是其中的康巴涉藏地区具有鲜明的宗教文化和藏民族文化，区域内藏族人口超过80%，宗教氛围浓厚。电站建设者们千方百计保护着当地传统民族优秀文化，并且积极促进地区民族团结进步。

(1) 移民安置采取的逐年货币补偿方式，使得库区移民可以不必远迁，从而继续维系原有社会网络关系、宗教供养关系，避免了因信仰教派不同给移民安置工作带来的困难，同时保障了寺院和信众间原有供养关系不变。

这种补偿方式不仅保障了移民的经济利益，还尊重了他们的宗教信仰和文化习惯，避免了因大规模移民而可能引发的社会矛盾。移民们能够继续在熟悉的环境中生活和工作，保持原有的生活方式和社会关系，这有助于维护社会稳定和民族团结。

(2) 对于居民点的建设也尽最大努力保护了原始风貌和民族特色，对于传承民族优秀文化取得积极效果。例如，居民点村委会的建筑风貌是在传统砖混结构房屋的基础上，在外立面及内部装修上体现藏式建筑风貌特色（图 5.8 和图 5.9）。房屋外墙以传统的浅红色或浅黄色为主要基调进行粉刷，旨在凸显藏式特色风貌，而室内装修主要以木质、雕刻、彩绘为基础，纯手工制作，展现出藏族人民的智慧与勤劳。

图 5.8 藏式建筑风格

此外，居民点的公共建筑，如学校、医院和文化中心，也都采用了传统藏式建筑风格。这不仅为居民提供了现代化的公共服务设施，还成为传承和展示藏民族文化的重要场所。通过这些建筑，年轻一代能够学习和了解自己的文化传统，增强民族自豪感和认同感。

(3) 移民安置实施时遵循因地制宜、节约集约用地、安全适用、经济合理、绿色环保、提升宜居品质的原则，结合地方经济社会发展规划，衔接当地城镇体系、国土空间规划，按国家现行标准配套建设完成水电路、文教卫等基础设施和公共服务设施，改善卫生院 1 个，增加活动场所 5 处，同时积极推进民族风貌塑造工程，保护传承少数民族文化，将建设征地涉及的城镇、居民点打造成了具有民族特色的生态宜居美丽城镇。

(4) 在建设过程中，特别注重环保和可持续发展。所有建筑材料都经过

(a)

(b)

图 5.9 室内藏式雕刻装修风格

严格筛选，以确保对环境的影响降到最低。绿化工程也同步进行，种植了大量本地树种和花卉，不仅美化了环境，还提高了居民的生活质量。同时，通过开展各种文化活动和节庆活动，进一步丰富了居民的精神文化生活，增强了社区的凝聚力和活力。

此外，水电站建设者还积极与当地政府和社区合作，开展了多项文化保护和传承项目。例如，设立了藏文化博物馆和文化传承中心，组织藏语培训班，支持藏族传统工艺和手工艺品的生产与销售。这些项目不仅保护了宝贵的文化遗产，还为社区创造了新的经济机会，促进了经济和文化的双重发展。

5.2 实施进度管控良好

5.2.1 重大单项工程高效推进，奠定能源基地坚实基础

在金沙江上游水电开发进程中，重大单项工程的实施进度不仅严格遵循了既定的节点要求，确保了截流与蓄水阶段移民安置验收的顺利进行，更为

构建区域能源一体化基地奠定了坚实的基础。通过精细化的项目管理与科学的组织策划，包括移民安置进度的精准控制、单项工程的高效组织以及针对关键节点如南戈移民安置、G215（竹苏段）、西索路、角比西大桥等专项研究的深入实施，不仅加速了电站建设步伐，还显著提升了区域交通网络的通达性与安全性。这些基础设施的完善，便利了当地居民生活，为能源物资的高效运输与调配提供了有力保障，促进了能源结构的多元化与清洁化转型。

5.2.2 移民安置与电站建设协同并进，保障能源项目按时投运

面对白格堰塞湖等自然灾害带来的挑战，移民安置实施团队与电站建设方紧密合作，通过创新工作方法与策略，如"依法优先、生命优先、农村优先、小项优先"的原则，有效克服了不利因素，确保了移民安置工作的顺利推进与电站截流、蓄水时间节点的严格遵守。苏洼龙、叶巴滩、巴塘、拉哇等水电站均如期实现截流与蓄水目标，展现了项目管理的卓越能力与对能源安全的高度责任感。移民安置工作的成功实践，不仅保障了电站的按时投运，也为区域能源供应的稳定与可靠提供了重要支撑，进一步推动了能源一体化基地的建设步伐。

5.2.3 促进能源结构优化，强化能源安全保障

金沙江上游水电项目的顺利推进，不仅是对区域能源结构的重大改善，更是对国家能源安全战略的有力响应。通过大规模水电资源的开发利用，有效减少了对化石能源的依赖，促进了清洁能源的广泛应用，为构建绿色低碳、安全高效的能源体系贡献了重要力量。同时，水电站的建成投运，增强了区域电网的调节能力与供电可靠性，为经济社会发展提供了坚实的能源保障。在此基础上，建设金沙江上游能源一体化基地，将进一步促进区域内能源资源的优化配置与高效利用，推动能源产业与经济社会发展的深度融合，为实现可持续发展目标奠定坚实基础。

5.3 拉动发展效应显著

5.3.1 地方财政收入大幅度提升

（1）水电工程项目核准建设后，工程建设需向地方政府缴纳增值税、印

花税、企业所得税、资源税等，税收显著增加，为金沙江上游流域沿岸的各县区财政收入带来了大幅度的提振效应。华电金上公司投产和在建水电总装机容量 2030 万 kW，预计"十四五"末运行装机容量 630 万 kW、在建装机容量 1400 万 kW。截至 2023 年 8 月，开工累计完成投资 430 余亿元，工程建设期间累计缴纳各种税费 30 多亿元。

巴塘县 2014 年财政收入为 0.95 亿元，随着苏洼龙、昌波、巴塘等水电站核准开工建设后，2022 年财政收入已达 2.3 亿元（图 5.10），其中水电工程税收收入贡献占比高达 80%。

（2）水电项目在施工建设期间需要大量的建筑材料、机电设备、建筑机械等，这也显著促进了邻近区域的建筑材料、木材加工、机械修理等行业的发展。每个项目均有上万名参建人员进场，极大地带动了周边小商品、餐饮、宾馆等第三产业的发展，也同步带动了地方财政收入的增长。以苏洼龙水电站为例，自 2014 年以来，苏哇龙乡个体工商户已由 9 家发展至 118 家，营业额度上亿元，为地方第三产业发展铺设了坚实基础。

可见，水电工程建设对地方财政收入的提升作用非常明显。

5.3.2 区域基础设施条件大幅改善

1. 区域交通网络重构，出行更加便捷

金沙江上游河段在开发前，交通基础设施极为匮乏。左岸四川部分从巴塘县拉哇乡至白玉县的金沙乡 220km 左右长的库岸没有通路，从白玉金沙乡至上游石渠县洛须镇的库岸中，只有巴塘县的拉哇乡至竹巴龙乡有 20km 左右的国道，其余 300km 左右的库岸只有机耕路；右岸西藏部分只有贡觉县的敏都乡至克日乡有 20km 左右的机耕路，江达县的波罗乡以及汪布顶乡各有十几千米的机耕路，称多县真达乡至石渠县洛须镇仅有 60 多千米的机耕路。除此之外，大多数地区交通闭塞，大部分乡村主要靠人背马驮解决出行问题。随着水电开发不断向上游推进，项目法人已累计出资超 20 亿元（巴塘水电站 0.66 亿元、拉哇水电站 1.54 亿元、苏洼龙水电站 19.03 亿元、叶巴滩水电站 1.82 亿元），在两岸建设 233.83km 交通公路（三级公路约 64.12km，四级公路 92.47km，其余为人行便道）。这不仅解决了长期以来交通不便的问题，也极大地提升了区域的经济发展潜力。新建的道路连通了多个重要乡镇，使得货物运输和人员流动更加高效便捷，促进了区域内的经济交流和合作。

第 5 章　移民安置实施效果

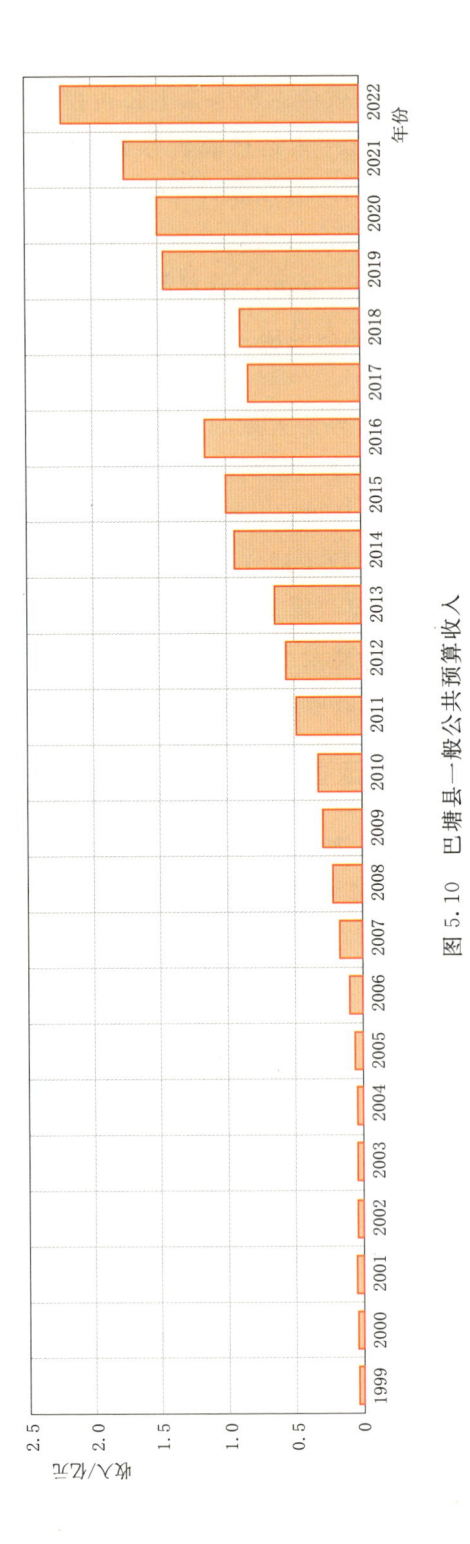

图 5.10　巴塘县一般公共预算收入

白玉县通过叶巴滩水电站新建通村公路 2 条 2.45km，复建人行便道 8.7km；通过拉哇水电站复建人行便道 31.11km，新建通村公路 7km。巴塘县通过苏洼龙水电站复建 G318 17.207km，复建 G215 45.038km；通过拉哇水电站复建人行便道 3.67km。芒康县通过苏洼龙水电站复建 G318 1.87km；通过拉哇水电站复建连接道路 2 条 30.793km，新建码头 3 个，复建人行便道 6.12km；通过巴塘水电站复建四级公路 15.675km，复建人行便道 6km。贡觉县通过叶巴滩水电站复建四级公路 18km；通过拉哇水电站复建连接道路 3 条 18.55km，复建人行便道 21.35km，复建人行吊桥 310.1m。

后续波罗、岗托等水电站核准后还将投资近百亿元建设超 300km 交通公路，所有新建设道路标准均在适应社会经济发展的基础上进行了适当提升，实现路面结构全硬化，不仅显著改善西藏、四川两岸芒康、贡觉、江达、得荣、巴塘、白玉、德格、石渠等县域居民的出行条件，而且大幅提高了通达率，使得交通更加便捷、安全。

新修建的公路沿线还设置了多处服务区和加油站，方便长途旅行者的休息和补给。同时，道路两旁种植了绿化植物，打造了生态景观带，不仅美化了环境，还提高了道路的安全性。通过这些基础设施的建设，区域内的旅游资源也得到了更好的开发，吸引了更多的游客，带动了当地服务业和旅游业的发展。

2. 电力通信网络重构，提升保证率

金沙江上游河段开发前，绝大部分居民用电依靠微型水电供电，用电保障率较低。随着水电站建设，移民安置电力工程规划结合集中安置点分布情况，新建（复建）输电线路 84.7km，同时新建线路和复建线路已全部进入国网电网，全部取代了小水电和孤网供电，大大提高了移民和周边居民用电稳定性。

白玉县通过叶巴滩水电站复建 10kV 线路 8.4km，复建 35kV 输电线 6.2km。巴塘县通过苏洼龙水电站新建 10kV 线路 2km，复建 10kV 线路 30.6km，复建 35kV 竹巴龙变电站 1 处。芒康县通过苏洼龙水电站复建 10kV 输电线路 16.6km；通过拉哇水电站复建 1 台 100kVA 杆上配电变压器，复建 10kV 线路 1.0km，复建 0.4kV 架空线路 1.8km；通过巴塘水电站改建 10kV 输电线路 18.10km。

新的电力网络不仅提高了供电的稳定性和可靠性，还支持了更多现代化电器和设备的使用，极大改善了居民的生活质量。电力的稳定供应也为当地的中小企业提供了稳定的生产保障，促进了区域经济的发展。同时，电力网络的升级还为未来的可再生能源接入提供了基础，支撑区域内绿色发展。

金沙江上游河段开发前，区域通信条件极差，居民日常沟通高度依赖传统方式，信息传递效率低下。随着电站开发，移民安置通信工程结合周边居民点分布、迁建集镇和居民点新址分布、交通道路网络等情况进行综合规划设计，沿G318水磨沟至竹巴龙金沙江大桥段新建一条共建共享干线通信杆路，全长18km，沿G215竹巴龙金沙江大桥至苏哇龙乡苏哇龙村段新建一条共建共享的干线通信路由，全长45km，在西藏部分新建一条干线通信路由，全长48km；围绕金沙江两岸新建（复建）了多个基站，形成了完善的区域通信网络，大幅提升了覆盖范围，实现了通信畅通；当地新鲜松茸、虫草、牦牛肉等农产品得以通过互联网平台迅速推广销售，为区域数字经济发展打下了坚实基础。

3. 用水安全和保障提升

金沙江上游河段开发前，特别是居住于半山腰的居民，缺少生活用水，必须肩挑山泉河水，或用塑料管将山腰上的小河、小溪的水由高处往低处自然地导引下来直接饮用，存在重金属超标、冬季结冰无水可用等问题。

随着电站开发，迁建的2座集镇和4个居民点均规划有新建的引水工程。巴塘县通过苏哇龙水电站新建集中式供水工程1处，满足55户366人供水需求。芒康县通过苏哇龙水电站新建集中安置点外部供水工程1处，满足21户206人供水需求；通过拉哇水电站新建供水工程1处，满足167人供水需求。这些工程经过科学论证，均选择水量充足、水质较好的水源，确保饮水安全。

除了直接迁建的居民外，新建的引水工程还可能通过改善区域水资源分配，间接惠及周边的未迁建村落和零散农户。这些间接受益人数可能难以精确统计，但也是一个不可忽视的群体。同时，工程设计中增加抗冻保护措施、为周边居民用水预留接口等措施，保障移民和兼顾周边居民的用水安全、可靠。

新建的引水工程不仅解决了饮水安全问题，还通过合理的管网布局，确保了水资源的高效利用。新建的储水设施和净水系统进一步提升了水质，保证了居民在任何季节都能获得安全、清洁的饮用水。对于农业灌溉和牲畜饮水，也进行了专门的规划和建设，极大地促进了农业生产和畜牧业的发展。

此外，相关部门还在水资源保护方面作出了巨大努力，实施了一系列水源地保护措施，防止水源地被污染，确保了水质的长期稳定。通过社区教育和宣传，增强了居民的水资源保护意识，推动了可持续的水资源管理。

4. 公共服务设施更加完善

水电开发前，绝大部分乡镇的医院、卫生所、学校远离居住地，民众面临就医难、上学难等问题。随着电站开发和移民搬迁，通过新建居民点、随集镇附居安置、进城镇安置等策略，有效解决了这些难题。特别是金沙江上游电站开发规划迁建2个集镇和4个居民点，极大改善了居民生活条件。例如，竹巴龙集镇不仅规划布置原有政府职能机构，还按国家标准规划建设配套了学校、卫生院、幼儿园、便民服务中心、农贸市场、游客服务站、停车场、旅游厕所、交通指示牌等公共配套设施，极大便利了居民就医、上学及生活。新建的公共服务设施不仅完善了基础服务功能，还配备了现代化设备和专业人员，提供更高质量的医疗和教育服务。居民不仅能够享受到便捷的医疗服务，减少了因病致贫的风险，还能让孩子们在家门口接受良好的教育，促进了区域整体素质的提升。

此外，在竹巴龙等居民点建设有生态休闲旅游新村广场等，周边配备游客服务站、停车场、旅游厕所等设施，发展旅游接待、休闲娱乐、汽车维修、商贸物流等产业。这些设施的建设不仅改善了居民的生活环境，还吸引了大量游客，带动了当地旅游业的发展。居民通过参与旅游相关产业，增加了收入来源，提升了生活水平。

在整个移民安置与集镇建设过程中，通过采取资金拼盘等措施适当提高集镇和居民点基础配套设施的规划标准，综合打造提升居民点建筑风貌和环境景观，提升移民群众的满意程度。这些措施不仅提升了居民点的整体形象，还通过美化环境，增强了居民的归属感和幸福感。通过社区文化活动和基础设施的完善，增强了社区凝聚力，促进了社会和谐[25]。

整体来看，移民安置区域生活性基础设施条件得到了大幅度提升。

5.3.3 多途径促进移民和居民增收有成效

在金沙江上游藏川段水电开发过程中，华电金上公司积极履行央企社会责任，本着利益共享原则，多途径助力地方经济发展。公司累计捐赠资金1.7亿元开展电力援藏、社会主义新农村建设、惠民行动和爱心捐助等活动，帮扶226户1360人脱贫摘帽。同时，积极吸纳当地车辆和群众参工参建，支持当地 170 余辆车辆参与工程建设，创造砂石加工、挡墙、开挖、绿化等辅助工程参建机会，吸收 300 余人参工参建和务工，累计创造产值超 3 亿元。此外，公司招聘 20 余名大学生到所属电站工作，并面向"三定"培养 60 余名当地初高中毕业生进行定向招生、定向培养、定向安置，实现"一人就业、全家脱贫"。同时，公司积极响应自治区开展国土绿化暨拉萨南北山绿化工程号召，于 2022 年、2023 年承担拉萨南北山 7000 亩造林任务。

通过水电开发及移民技能培训，水电工程移民获取了新的技术技能，在逐年货币补偿安置方式保障其基本生活水平的基础上，移民群体劳动力得到大力释放，大量移民选择从事餐饮、住宿、种植、养殖、技工、运输等服务行业，大大增加家庭可支配收入。在水电工程建设过程中，大批量施工队伍进场，拉动了地区消费水平，当地居民也得到了更多就业机会，餐饮、住宿等行业消费持续提升，增加了城镇居民收入。以巴塘县和白玉县为例，近 10 年来，随着苏洼龙、昌波、巴塘、叶巴滩等水电站的开工建设，两县城镇和农村居民收入增长明显，其中，2013—2022 年间，巴塘县城镇居民人均可支配收入从 19024 元增长至 41456 元，农村居民人均可支配收入从 5158 元增长至 15943 元；白玉县城镇居民人均可支配收入从 18854 元增长至 38163 元，农村居民人均可支配收入从 5098 元增长至 16049 元，两县居民人均可支配收入均翻了两到三番（表 5.1 和表 5.2）。

表 5.1　　巴塘县近 10 年城镇和农村居民可支配收入历年数据对比表

年份	城镇居民人均可支配收入/元	农村居民人均可支配收入/元
2022	41456.6	15943
2021	39652	14977
2020	36578.8	13640.2
2019	34903.4	12519
2018	31998	13329
2017	29437	10216
2016	26809.6	9153.94
2015	24618.4	8205.44
2014	22620.2	7133.49
2013	19024	5158

表 5.2　　白玉县近 10 年城镇和农村居民可支配收入历年数据对比表

年份	城镇居民人均可支配收入/元	农村居民人均可支配收入/元
2022	38163	16049
2021	36501	15102
2020	33734.5	13753.6
2019	32220.2	12623
2018	29538	10630
2017	27199	10273
2016	24884.4	9172.57
2015	22850.7	8219.15
2014	20890.3	7132.8
2013	18854	5098

5.4　移民概算有效控制

截至 2024 年年底，苏洼龙、叶巴滩、巴塘和拉哇 4 座水电站的移民安置补偿费用概算均未突破审批概算，助推了华电金上公司持续健康科学发展。

移民安置工作的经济管理成效显著，这主要反映在移民补偿补助费用、移民工程建设费用和有关税费及时缴纳从而合理规避政策调整三个方面[26]。

5.4.1　移民补偿补助费用

严守政策底线，科学测算补偿标准，有效管控移民安置补偿补助费用。华电金上公司严格执行集团公司的相关管理要求，加强规划设计质量管控，严格按照"先内审，再外审"的原则，加强内部过程管控。在流域各电站的移民安置规划设计中，始终坚持流域统筹、两岸平衡、同库同策的原则，坚持移民群众安置补偿标准两岸基本一致；其他税费按两省（自治区）地方政策执行，加强与地方各级政府的沟通汇报，科学引导规划方案的编制，在规划编制中严守政策底线；结合当地实际情况，坚持政策性与灵活性相结合的原则，妥善处理地方政府和移民群众的利益诉求，较好地解决了流域上下游各电站因物价调整、土地亩产值差异形成的攀比问题，合理确定移民安置任务和补偿标准。

农村移民"早启动早搬迁"提前实施。结合金沙江上游流域实际情况以及涉及两岸精准扶贫、易地搬迁要求，具备"早启动早搬迁"的项目，尽早启动搬迁，加快搬迁进度，缩短工作周期，避免因政策的调整、方案变更，物价上涨等因素或因地方政府的诉求反复变化而增加移民投资。

【案例一】在2016年叶巴滩水电站核准后，华电叶巴滩分公司迅速按照审定移民安置规划（采用2014年耕地亩产值和审定地面附着物标准），将农村移民足额拨付到白玉、贡觉和江达三县，并快速组织实施。在2019年年底组织围堰截流验收时，白玉县和贡觉县（枢纽区）、江达县（库尾）农村移民已全部搬迁完毕。2020年四川省出台了新的片区综合价和地面附着物标准后，各县已完成截流验收的枢纽区和围堰区均未提出调整补偿补助标准诉求。

5.4.2 移民工程建设费用

提前策划，紧盯重点，创新建设模式，有效管控移民工程建设费用。

（1）重在策划。提前开展移民安置实施组织策划工作。在华电集团的统一部署下，华电金上公司创新工作思路和管理方式，项目核准后，围绕电站截流和蓄水发电目标，并结合现场的实际情况，梳理移民关键工程，抓住主要矛盾，统筹兼顾，优化管理，及时组织设计单位、项目分公司开展编制移民安置实施组织策划，并按照先内审后外审的程序，提前谋划实施阶段的征地移民安置工作，保证了征地移民实施工作的有序开展，对控制征地移民投资发挥了重要作用，取得了良好的效果。

【案例二】在项目核准以后，针对县政府和分公司移民实施工作经验不足的情况，华电金上公司委托主体设计单位编制了《叶巴滩移民安置实施组织策划》《苏洼龙移民安置实施组织策划》，明确了实施组织参与方、施工逻辑关系、搭接顺序、进度控制、质量控制、概算控制、年度计划等，并组织各方对接，对项目实施起到了较好的促进作用。

（2）抓紧重要工程项目。移民工程项目建设费用一般是移民概算的大头，其中公路建设又是重中之重。金沙江上游流域项目创新采取移民工程代建制和行业建设融合制，实现共赢。

1）移民工程项目建设多模式多优势。对于技术含量不高、较为安全的项目由县政府自行组织实施；对于技术含量高、有一定危险性、影响面广的重大关键项目，充分利用业主或主体设计单位的技术优势，实施代建模式，交钥匙一条龙服务,实现共赢。

【案例三】 苏洼龙电站的竹巴龙乡集镇垫高防护工程,由于电站主设单位对项目的情况较为熟悉,对投资控制也相对清楚,因此协调地方政府把城市集镇的复建设计交由主设单位承担设计工作;招标过程中,组织移民综合监理严格按照招标程序,合理编制拦标价,选取合格的承包单位实施;在实施过程中,通过移民综合设计、移民综合监理加强设计变更管理工作,避免超概的风险。

2)水电项目移民复建公路工程建设管理创新。充分发挥水电项目业主在水电工程施工组织策划管理及综合协调等方面的技术管理优势,借鉴公路行业建设管理的先进经验,积极做好央企社会责任担当与地方脱贫攻坚的有机结合、企业组织管理与地方政府管理协作的强强联合、水电项目设计与公路行业设计成果的有机结合、水电项目施工招标与地方公路行业招标管理的有机结合、水电项目建设管理与公路行业专业优势的科学结合、设计变更管理与投资管控的有效结合、质量管控与地方政府全过程监督的有机结合,克服了工期紧、任务重、高原施工组织效率低、进度管控难度大、地质条件复杂、投资控制压力大、代建公路建设管理不规范、验收移交困难、地方财政紧张、配套资金落实难度大等困难,严格执行公路行业及地方监督管理制度,实行行业化、专业化、精细化管理,充分发挥公路行业考核机制的约束效应,取得了工程建设进度超前、安全可靠、质量优良、投资节约的良好效果,开创了地方政府、移民群众、水电项目业主多方共赢的良好局面。

【案例四】 对需要加快建设工期、加强质量控制、加强投资控制的项目,采取代建方式。苏洼龙水电站G215复建项目由业主代建,按照主体工程的管控模式加强管理,从招标开始就严格按照工程建设管理程序,由政府、移民管理机构以及华电金上公司共同组织监督人员对招标过程进行全过程监督管理。把好设计深度关口,避免由于涉及深度不够、频繁变更等问题带来的超概现象。严格按照工程建设管理程序加强过程结算、变更审查、验收移交等管理。实际工期较批复工期提前6个月,实际投资较施工图预算节约1.08亿元,争取落实地方配套资金2.96亿元,成为四川甘孜州首条通过交工验收的水电项目移民复建公路工程,被评价为甘孜州水电项目移民复建公路的"样板工程"项目。2019年10月,甘孜州组织交工验收,对代建项目质量给予高度评价,以综合评分95.2分通过验收,被评为水电移民复建项目的样板工程。

5.4.3 合理规避政策调整

及时缴纳有关税费,合理规避政策调整带来的投资增加。对枢纽工程区用地提前一次性征收,对库区和其他临时用地宜结合主体工程进度、围堰截流和电站蓄水的时间节点要求,分阶段按照适度超前、投资最优的原则进行支付,分期征收。规范用地管理,及时办理建设用地手续,确保合法用地,及时足额缴纳有关税费,合理规避了税费政策调整带来的投资风险。

【案例五】 以苏洼龙水电站为例,在项目开工后,华电金上公司高度重视用地批复事宜。在取得建设用地批复后,按照审批移民规划的有关税费先后于2014—2017年分10批次完成四川部分耕地占用税、耕地开垦费和森林植被恢复费缴纳工作,先后于2015—2017年分5批次完成西藏部分耕地占用税、耕地开垦费和森林植被恢复费缴纳工作,两省(自治区)共缴纳有关税费2.18亿元。2019年,四川省和西藏自治区分别调整了耕地占用税,项目法人已于2017年全面完成耕地占用税等其他税费缴纳工作,两省(自治区)各市(州)均未提出调整要求,因此原规划的1.1亿元耕地占用税也未调增。

5.5 库区社会稳定和谐

华电金上公司始终坚持以习近平新时代中国特色社会主义思想为引领,认真贯彻落实党中央、国务院、西藏自治区关于深度贫困地区脱贫攻坚的重大决策部署,全面落实中央第六次、第七次西藏工作座谈会精神,按照国家能源发展战略,切实履行中央企业的政治责任、社会责任,发挥电力央企的优势和作用,科学有序加快金沙江上游川藏段可再生能源开发建设,积极助力西藏自治区打赢脱贫攻坚战,开创移民稳定安置新局面。

5.5.1 移民参建度高,零阻工

随着苏洼龙、叶巴滩、巴塘和拉哇等水电站相继核准,金沙江上游水电站建设规模逐步增加,项目法人在昌都市及各县(区)的统筹协调下,合理引导当地群众参工参建,积极吸纳闲置劳动力就业务工,增加群众收入,带动当地群众脱贫致富。

苏洼龙水电站是金沙江上游流域首个开工建设的项目,参建各单位努力助推"清爽型电站"的发展理念。苏洼龙水电站在建设过程中,需要大量的

劳动力和机械设备。为落实脱贫攻坚任务，增加居民收入来源，芒康县和巴塘县委县政府高度重视，多次与项目法人沟通协调，最终商议，项目建设过程中，技术难度小的单体项目分包地方实施，有效解决了移民就业难的问题，并提出"参工参建"等优越的管理办法，实行"县主导、乡统筹、村参与"的实施原则，参与建设的移民"有人管、有钱挣"，合理化解了电站建设过程中阻工现象，建设过程中顺利实现了零阻工。

5.5.2 移民满意度高，零群体事件

金沙江上游水电站启动移民安置规划之初，各方就统一了思想，确保移民安置规划与国民经济和社会发展规划、国土空间规划、乡村规划相衔接。在编制移民安置规划过程中，项目组广泛听取移民和移民安置区居民的意见以及县级人民政府的意见，确保移民安置工作符合群众意愿。在建设征地补偿和移民安置方面的措施体现了对移民合法权益的保护，通过科学规划和严格管理，实现了征地补偿和移民安置工作的有序进行。这不仅有利于维护社会稳定，促进了工程建设的顺利进行，也提高了移民的生活质量和满意度。

在移民安置方面，通过编制移民安置规划，确保移民安置工作的科学性和系统性。规划中不仅考虑了农村移民的农业生产安置，还涉及城（集）镇迁建、企业迁建等多元化处理方式，充分考虑了不同移民群体的实际需求和未来发展。特别是在农村移民的安置处理上，项目组坚持以农业生产为主，注重因地制宜、有利生产、方便生活、保护生态的原则，力求让移民拥有与安置区居民相当的土地等生产资料，为移民恢复并提升原有的生活水平奠定了坚实基础。为了确保移民安置质量和资金的有效使用，项目还建立了移民安置监督评估机制。通过跟踪监测移民安置进度、质量以及资金拨付和使用情况，及时提出整改建议和监督评估意见，确保移民安置工作的透明性和公正性。这种监督评估机制的建立，增强了移民对安置工作的信任度，也是移民满意度高的重要原因之一。

金沙江上游水电站移民安置工作的成功得益于采取了科学合理的规划和实施策略，加上广泛的群众参与和支持，最终实现了移民满意度高的目标。这主要体现在以下几点：

（1）政策符合民意。由于移民安置规划充分考虑了移民和安置区居民的意见，政策更加贴合民众心声，减少了因政策不符导致的矛盾和冲突。

（2）生活质量提高。通过合理的安置和扶持，移民的生活质量得到了显

著提高,这增强了他们对安置工作的满意度。

(3) 社会和谐稳定。移民安置工作的成功实施,促进了社会和谐稳定,为水电站的建设和运营创造了良好的社会环境。

5.5.3 社会融入度高,零上访

在移民安置及发展过程中,参建各方尤其是地方人民政府开展了大量卓有成效的工作,保障移民更快更好地实现在安置地生产生活的目标,项目取得了较好的实施效果,社会融入度高。总结来看,主要采取了以下三项核心策略,确保了移民工作的平稳进行与社会的和谐稳定:

(1) 加强政策法规宣传。针对移民群众"故土难离"的情结以及对移民政策和搬迁后生产、生活状况预期不甚了解,部分群众在搬迁问题上存在抵触情绪的情况,在移民工作实施阶段,通过印发藏汉双文宣传资料、张贴海报、悬挂藏汉标语、双语干部现场讲解等多种方式,加大移民政策宣传力度。通过营造浓厚的移民工作氛围,使移民群众了解政策、规划和工作环节等内容,奠定了移民搬迁安置工作的群众基础。将认真学习宣传有关水库移民政策法规贯穿始终,不断提高水库移民干部和移民群众"讲政策,守法律"的意识,确保各项移民政策法规落实到位,努力使广大移民干部和群众做到"学习政策,宣传政策,掌握政策,拥护政策,执行政策"。

(2) 认真开展矛盾纠纷排查化解工作。及时、全面收集涉及库区和移民安置区社会稳定情况的信息,建立"全覆盖,无缝隙"的信访隐患排查网络,坚持做到"不漏一户移民、不漏一个问题",对排查出来的不稳定隐患集中进行梳理、分析和研判,建立台账,明确化解时限,依法、及时、就地解决问题,做到"早发现、早预防、早处理"。在矛盾纠纷排查过程中,充分利用现代信息技术手段,建立高效的信访信息管理系统,实现信息的快速收集与处理。同时,设立了专门的调解小组,由经验丰富的调解员负责对重点区域和重点人群进行重点监控和及时调解。通过定期召开社区会议和座谈会,鼓励移民群众积极参与到矛盾纠纷排查和化解工作中来,增强社区自治能力。对于复杂矛盾和纠纷,通过多方协调,寻求各方利益的平衡点,制定切实可行的解决方案,确保问题妥善解决。

(3) 耐心细致地解决移民反映的问题。移民工作始终坚持"矛盾在基层调处、问题在一线化解"的工作方式,相关部门走村入户听取诉求、建立台账,按照公开透明、阳光稳妥的原则,紧抓信访工作。在各级移民管理部门

的支持下，成功妥善处理了苏洼龙水电站"经营性质用房停业损失费"等移民群众关心的重点问题，反响良好，各库区均实现了"零上访"。此外，明确要求在接待移民群众来访、办理信访问题过程中讲究工作策略、注重工作方法，坚持以人民为中心、实事求是的原则，增强为民办实事的意识，让移民群众切实感受到温暖，体会到真情，同时增强了移民群众的获得感、幸福感、安全感，实现移民社会治理健康有序、社会和谐稳定的目标。

5.6 移民管理水平提升

5.6.1 两省（自治区）移民管理制度逐步完善

四川省设置有专门的移民管理机构制定了较为完善的移民管理相关政策。四川省设置相关的移民管理部门负责承担水利水电工程移民管理职责，相关的移民管理部门设置在省水利厅，加挂"省水利水电工程移民工作办公室"，省水利厅内设信访处（移民综合协调处）、移民安置处、移民后期扶持处等机构负责区域内的大中型水利水电工程移民管理工作。四川省根据《大中型水利水电工程建设征地补偿和移民安置条例》等国家相关法律法规、政策规定，结合水电工程建设征地移民安置特点，先后制定了《四川省大中型水利水电工程移民工作条例》、《四川省人民政府办公厅关于印发四川省大中型水利水电工程建设征地范围内禁止新增建设项目和迁入人口通告管理办法的通知》（川办发〔2020〕11号）、《四川省大中型水利水电工程移民规划工作管理办法》、《四川省大中型水利水电工程移民安置项目设计变更管理办法》、《四川省大中型水利水电工程移民资金管理办法》、《四川省大中型水利水电工程移民安置验收管理办法》等相关政策，从移民安置前期规划、移民安置实施到移民安置验收均制定了相关政策规定，形成了较为完善的移民安置政策体系。

西藏自治区暂未设置专门的移民管理机构，主要依据国家相关法律法规、政策规定以及自治区层面的相关法律法规开展移民安置工作，出台的相关政策主要集中在补偿补助标准。在这一框架下，各级水利部门明确水利工程移民安置管理职责，其中自治区水利厅负责大中型水利水电工程移民安置规划大纲审批和移民安置规划审核、拟订水利水电工程移民有关政策并监督实施、组织实施水利工程移民安置验收和监督评估等制度、指导监督水库移民后期扶持政策的实施等，主要依据《大中型水利水电工程建设征地补偿和移民安置条例》等国家相关法律法规、政策规定以及自治区层面的相关法律法规开展各项目移民安置工作，先后出台了《关于印发〈西藏自治区有关水库迁移人口补偿政策研讨会会议纪要〉的通知》（藏水移办〔2012〕4号）、《西藏自治区人民政府关于同意各地（市）征收农用地区片综合地价标准的批复》（藏政函〔2021〕9号）等移民补偿补助等方面的政策。

5.6.2 地方移民安置管理水平提升

地方政府水利水电移民安置管理体系经历了从无到有，逐步迭代优化的过程，满足了水利水电行业发展需要。四川部分地方水电移民安置工作先后分别由移民工作局、移民扶贫开发局、扶贫工作局、水利局管理，西藏部分地方水电移民安置工作先后分别由水电开发工作协调办、经济合作局、水利局管理，地方移民管理组织机构日渐完善。在移民安置过程中，地方政府出台了一系列移民优惠措施，包括优先保障移民子女到县城就学、各部门优惠政策优先向库区和移民倾斜等，以及针对每个项目的水电站建设征地移民安置实施管理办法、移民资金管理办法、移民档案管理办法、人口界定管理办法等，使得移民安置政策逐渐完备，地方移民管理水平大幅提升。

5.6.3 项目法人内部管控程序日臻完备

在项目实施层面，项目法人单位通过实践积累，逐步建立起一套涵盖质量、资金、进度等多维度的内部管控体系。项目法人不仅注重内部管理程序的标准化与高效化，还积极推动同等条件下的优先雇用移民政策，体现了对移民群体的关怀与责任。这一系列内部管理机制的优化，不仅提升了项目实施的效率与质量，还有效保障了移民安置工作的顺利进行，显著提升了项目法人移民管理水平。

第6章

移民安置经验总结和启示

在移民安置实践探索的基础上，重点从工作理念、工作机制、工作方法、建设管理模式等方面总结移民安置管理工作经验。

6.1 守正创新：依法依规依纪，坚守科学移民

在开展移民安置工作中，面对金沙江上游水电站移民工作中存在的诸多问题和困难，各方坚持"守正创新，坚持依法依规、科学移民"的工作理念，坚守移民政策底线，积极创新、攻坚克难，采取了一系列行之有效的措施，实现了科学、高效的移民安置。

6.1.1 依法依规，坚守移民政策底线

坚持"先移民后建设"的工作方针，按照"征地移民工作进度适度超前于主体工程建设进度"的原则，坚持依法依规实施移民搬迁安置。组织开展移民实施组织策划，做到征地移民工作进度与工程建设进度相协调并适度超前，实现移民"搬得出、稳得住、能发展"，积极营造良好开发环境，保障电站开发建设顺利进行。

坚守移民政策底线，深入学习并严格执行《中华人民共和国土地管理法》《大中型水利水电工程建设征地补偿和移民安置条例》等国家法律法规，以及四川省、西藏自治区关于征地移民的具体政策、规程规范，以审定的建设征地移民安置规划报告为基础编制实施组织策划。在实施组织策划中，明确电站征地移民实施管理工作中省（自治区）、市（州）、县移民管理机构以及项

目法人、设计和监督评估等单位的主要职责,依法合规推动移民安置先行,充分调动各方工作的主动性和积极性。在征地、补偿、安置等各个环节,坚持公开透明原则,通过公告、公示、听证会等形式,广泛征求移民意见,确保移民的知情权、参与权和监督权得到充分保障。对于移民安置规划、补偿标准、安置方案等重大事项,严格按照法定程序进行审批,确保决策的科学性、民主性和合法性。对于设计变更项目,严格遵循"四方会签"制度,即项目法人、设计单位、监督单位和移民管理机构共同审查并达成一致后,再逐级上报审批,严禁擅自变更。

6.1.2 科学移民,创新实施组织方法

坚持科学移民的工作理念,按照"把握全局、统筹兼顾、保持稳定、整体推进"的工作思路,创新建设征地移民实施组织策划,充分尊重移民意愿,充分尊重科学和客观规律,科学移民。①做好提前谋划,研究解决关键技术问题,分析重点与难点,做好移民安置规划实施计划;②精心组织,根据各专项、安置点的特点和对关键节点目标的影响,合理开展项目实施组织策划,确保项目顺利实施;③分类处理,因地制宜地选择移民房屋和移民工程建设模式,例如公司代建、统规联建等方式。

6.2 提高站位:用心用情用力,做实移民工作

金沙江上游川藏段独特的自然条件和社会经济条件造就了区域内独特的资源禀赋、生产生活方式、家庭收入结构、社会风俗习惯以及宗教文化信仰,这使得区域内水电工程移民安置工作面临更多难题,移民安置更具脆弱性。移民安置工作必须坚持人民主体地位,坚持以人民为中心的发展思想,将移民群众对美好生活的向往作为奋斗目标,始终把移民搬迁前的顾虑担忧消除在前,把移民搬迁中的实际困难解决在前,把移民搬迁后的生产生活规划在前[27]。

在金沙江上游移民安置过程中,地方政府、项目法人、设计单位、监理单位等各有关单位因地制宜地创新移民安置工作的方式方法,始终紧密结合区域内社会、经济、民族、文化等情况,守正创新,分批次外出考察学习、藏汉双语的宣传手册、宗教民族设施的实物指标调查、逐年货币的生产安置

方式、民族特色的集中居民点、藏文化的传承与保护、专项工程建设管理方法的创新、移民安置与易地扶贫搬迁的结合等，无一不体现各方用心用情开展移民工作。为确保移民安置工作的有效性和可持续性，各方还注重搭建移民与项目开发者之间的沟通平台，定期举办座谈会和研讨会，听取移民的意见和建议。通过设立专门的移民服务中心，提供法律咨询、就业培训和心理辅导等服务，帮助移民更好地适应新环境，提升生活质量。此外，针对不同移民群体的需求，制定了个性化的安置方案，特别关注弱势群体的特殊需求，确保每一位移民都能享受到公平、公正的待遇。

从移民安置实施情况看，区域内社会经济得到发展，地方产业得到提升，基础设施得到改善，移民生活得到提高，地方政府满意度高，移民群众幸福感强。

6.3　前瞻谋划：提升顶层设计，重视事前策划

国家能源局牵头建立了金沙江上游水电开发协调机制，成立了流域协调机构，设立了金沙江上游水电开发协调领导小组、金沙江上游水电开发协调领导小组办公室，高位协调推进了移民安置规划前期工作。水电总院组织开展了金沙江上游移民安置政策创新研究，对保障金沙江上游水电开发工作顺利推进，确保移民合法权益，对促进移民脱贫致富和地方经济社会协调发展起到重要的作用，为金沙江上游川藏段梯级电站的移民安置规划设计工作提供了依据。在后续的规划设计工作过程中，各方基本遵从了研究提出的实物指标调查方法、移民安置方式等成果，有序推动了金沙江上游的移民安置规划和实施工作。

项目法人在项目设计前期组织当地干部、村组移民代表到四川甘孜州、贵州、北京等地进行学习，加深地方对于移民工作的认识，提高当地群众对今后生活的信心，从初期的疑虑、担忧甚至反对，转变为信任、赞同，并配合业主积极推动项目开发。设计院、地方政府、业主提前策划实物指标调查、移民意愿征求、规划大纲编制等工作方案或计划，制定相应预案，成立相应的工作组，双语印刷相关资料，按照项目特点和当地社会经济特点，分析规划设计工作中存在的影响因素，梳理移民工作流程及重点难点，合理安排人员，明确各方职责，并按照各节点时间进行合理分配，进一步保障后续移民安置规划设计工作的顺利开展。

6.4 创新机制：赋能"协作-决策-参与"全过程

（1）建立分层协调机制。国家和省级层面成立了金沙江上游水电开发协调领导小组，市州层面四川甘孜州和西藏部分成立了金上流域协调办公室，县级层面成立了水电移民工作协调领导小组，乡级层面成立了电站协调工作站，各层面职责分工明确，高效协调、协作，解决了各类问题。各级工作小组通过定期会议和现场考察，及时了解并解决移民安置过程中出现的问题，确保每个环节都有序推进。

（2）建立轮值会议机制。实施阶段业主在金沙江上游各水电站建立了实施管理机制，完善了移民组织机构，监理、设计、评估等各方按条例履责，定期、轮流召开政府、业主、设计、监理、评估"五方"工作例会，不定期召开设计和监理工作例会，按需召开现场工作协调会议。通过轮值会议机制，各方能够及时交流信息，协调工作进度，解决实际问题。定期召开的会议和不定期的现场协调，确保了移民安置工作中的每个问题都能得到快速响应和解决，提高了整体工作的效率和效果。

（3）建立合署办公机制。在实施过程中，各电站分别成立了移民工作小组，由县乡人民政府、移民管理机构、项目法人、综合设计、综合监理、独立评估单位组成，根据现场工作进展情况和需求，不定期地在业主营地、移民管理机构驻地进行合署办公，合作开展建档建卡、资金清理及兑付、补偿协议签订等工作。合署办公机制不仅加强了各方的协作与沟通，还大幅提高了工作效率。各工作小组在集中办公，能够快速地传递信息和处理事务，减少中间环节的滞后和误差。通过这种高效的工作方式，各方能够实时应对移民安置工作中的各种挑战，确保工作有序推进。

通过工作机制的建立，移民安置实施各方深度参与到移民工作中，现场第一时间快速决策，解决各类问题和矛盾，现场无法解决的重大问题通过高位协调方式解决，使得金沙江上游各电站的各项移民安置工作得以规范、有序、高效地开展。这种机制的创新和落实，不仅提升了移民安置工作的质量和效率，也增强了移民群众的信任感和满意度。各方的深度参与和紧密合作，确保了移民安置工作的透明、公正和科学，为金沙江上游水电开发项目的顺利推进提供了坚实保障[28]。

6.5 加强协调：建立和落实移民分层协调机制

金沙江上游的叶巴滩、拉哇、巴塘、苏洼龙等 4 座水电站建设征地范围均涉及西藏自治区和四川省，在移民安置实践过程中，建立分层协调机制、逐级狠抓落实是高位推进金沙江上游水电工程移民安置工作的重点经验之一。分层协调机制的建立和落实主要体现在以下几个方面。

（1）成立了流域协调机构、明确了协调机构职责。通过高位协调，解决了金沙江上游移民安置工作中关于实物指标调查和移民安置方式等瓶颈问题。

（2）各省（自治区）、各市（州）、各县均设立相应的移民管理机构，参与分层协调工作。四川省本级、各市（州）、各县均设置了专门的移民管理机构，制定了较为完善的移民管理相关政策，其中，四川省移民管理部门设置在省水利厅，并设置多个处负责区域内的移民管理和协调工作；各市（州）、各县设置的移民管理机构设置在相应的市（州）、县水利部门，积极参与金沙江上游水电工程移民安置管理和分层协调工作。西藏自治区虽暂未设置专门的移民管理机构，但各级水利部门均明确了水利水电工程移民安置管理职责，先后出台了移民补偿补助等方面的政策和规定。四川省、西藏自治区各级移民管理机构的设立，为实施分层移民安置协调工作打下了坚实的基础。在移民安置实践工作中，各级机构积极参与了特殊实物的调查与界定、宗教文化差异的引导、两省（自治区）移民安置政策和房屋及附属建筑物补偿补助标准的衔接等协调工作，及时有效地化解了两省（自治区）政策不一致导致的移民攀比、库区社会稳定等问题。

（3）建立了不同行业之间的协调机制。金沙江上游水电工程移民安置工作涉及面较广，其移民安置工作不但涉及水利行业，还涉及建筑、交通、电力、通信等多个行业，其他行业对于农村项目的建设均有其行业的规程规范、建设标准和规模。在移民安置实践中，四川省和西藏自治区水利部门牵头开展了与其他行业的协调工作，确保了移民安置项目既符合水电工程移民安置相关政策和规范，又能满足其他相应行业的规定和要求。

（4）建立了项目法人与综合设代、综合监理和独立评估等"一线"参与单位的协调机制。与县级移民管理机构一样，项目法人与综合设代、综合监理和独立评估单位始终处于移民安置工作的最前线，任何一家单位"单打独斗"都难以做好移民安置工作，正是因为建立了县级移民管理机构、项目法人、综合设代、综合监理和独立评估单位的协调机制，金沙江上游水电工程的移民安置工作才能顺利推进。在现场协调工作中，参与单位始终坚持以问题导向为基本原则，在沟通协调、及时反馈信息的基础上，集中精力快速处理实施工作中存在的困难问题，按照"一线"工作法的工作要求，项目法人与综合设代、综合监理和独立评估单位深入库区和移民安置区，第一时间组织协调和研究解决移民安置工作中发现的问题，坚持把矛盾化解在基层一线或萌芽阶段，是积极做好移民安置工作、解决库区稳定问题的法宝之一。

6.6 科学规划：重视设计管理，保障规划质量

科学合理地编制移民规划大纲和规划报告是做好征地移民工作的基础，也是有效控制征地移民费用的前提。在开展金沙江上游水电工程移民安置前期规划过程中，项目法人、设计单位、地方政府、咨询单位等各司其职，相互协作，强化质量管控，科学制定移民安置规划，规划设计成果采取先内审后外审的方式，做到了政府认可、移民满意、投资合理、切实可行。

6.6.1 地方政府充分征求意见，科学规划方案

（1）在选址阶段，政府利用先进的地质勘探技术，对潜在的地质灾害（如地震、滑坡、泥石流等）进行详尽的风险评估，优先选择地质稳定、灾害风险低的区域作为移民安置点。对于无法完全避让的地质风险，制定详细的应急预案和治理措施。根据地质勘察结果，对安置点地基进行有针对性的处理，如加固地基、设置排水系统和防护设施等，确保建筑物结构安全稳定。同时，设计合理的建筑布局，减少地质活动对居民生活的影响。

（2）结合金沙江上游地区的气候特点（如温差大、降雨集中等），移民安置点建筑采用适宜的建筑材料和构造方式，如保温隔热材料、防水处理技术等，提升建筑物的气候适应性，并注重建筑的通风采光设计，提高居住舒适度。

（3）结合金沙江丰富的水资源，规划建设供水系统、污水处理和再利用系统，实现水资源的节约和高效利用。考虑水资源的生态功能，合理分配水资源，保障生态用水需求。充分利用金沙江上游地区的能源资源（水能、太阳能等），规划建设清洁、高效的能源供应系统。同时加强交通、通信、医疗、教育等基础设施建设，致力于提升公共服务水平，为移民提供便捷、舒

适的生活条件。

在开展金沙江上游各电站的移民安置规划过程中，广泛听取移民和移民安置点居民的意见，充分征求地方政府和权属单位及相关行业主管部门的意见，实现了前期规划工作精准、早介入，确保前期工作深度，实现了移民安置方案的科学规划。①编制相关移民政策宣传手册，大力开展移民干部培训，宣传移民政策；②组成移民意愿调查组，通过问卷调查方式充分征求移民意愿；③征求其他权属单位及相关行业主管部门对于专业项目、事业单位等处理方案的意见；④根据听取移民意愿情况，征求其他权属单位及相关行业主管部门意见情况，地方政府会同项目法人和设计单位共同拟定移民安置规划方案，并由地方政府发文确认。

6.6.2 设计单位科学编制，严控规划成果质量

设计单位在承担移民规划大纲与安置规划的编制任务时，严格实施内部质控机制，确保规划工作的每个环节均遵循既定规程与标准。建立多层次、多维度的质量监督体系，设计单位对规划内容进行全面性、系统性的审查与校验，以确保规划成果的科学性、专业性和合规性。

6.6.3 项目法人过程控制，强化规划成果质量

项目法人组织专家对移民安置规划的初步成果进行讨论把关。这一机制的实施，不仅加强了项目法人对规划质量的直接监控，还促进了规划方案的持续优化与完善，确保规划的经济合理性、技术可行性和社会适应性。

6.6.4 咨询单位认真审查，严格技术把关

结合金沙江上游川藏段水电工程移民安置实际情况及重难点，水电总院精心策划，注重方式方法，投入了大量的技术专家，科学、客观、高质量地开展了技术服务工作，对移民安置前期规划进行了有效的外部质量把控。一方面，配置齐全的专业专家组成了评审技术专家团队，严控安置标准、优化设计方案、严把质量关；另一方面，在开展技术审查时，遵守"依法依规、实事求是、流域统筹、两岸平衡、同库同策"的原则，对于移民个人补偿补助标准严格执行"按两岸一致原则审批"的标准；有关税费执行各省（自治区）标准；耕地年产值严格执行各省（自治区）政策，西藏自治区通过年产值测算与参照四川省标准对比分析后确定采取参照四川单价的方案。

6.7 立足政策：统筹协调跨界移民安置与补偿

金沙江上游各水电工程建设征地均涉及四川、西藏两省（自治区），由于西藏自治区水电建设尚未全面铺开，同时在建水电工程的移民安置任务数量较小，有关移民安置的具体实施政策极少。但两省（自治区）中央财政支持、转移支付力度、财税支持力度等方面存在较为明显的差异，在水、电、路、文化、教育、卫生等民生工程方面国家投入力度也存在明显差异，并且这一差异在短时期内无法取得明显改善。在流域电站建设和运营过程中，必须充分考虑跨省（自治区）移民安置和补偿政策的协调问题，这一点至关重要，因为不合理的移民安置和补偿可能会导致一系列的社会和环境问题。因此，金沙江上游各电站在移民安置工作实施过程中始终坚持政策，统筹协调流域电站、两省（自治区）移民安置和补偿政策，移民安置工作取得了显著的成效[29]。

（1）携手并进，共筑桥梁：强化跨省（自治区）沟通协调机制。构建并持续优化跨省（自治区）沟通平台，成为协调移民安置政策、解决跨界问题的核心机制。通过定期会议、联合工作组等形式，促进双方在移民安置总体原则、边界争议解决及现场工作推进上的深入交流，确保政策的统一性与协调性，平衡好两地的利益。

（2）流域一盘棋，政策相衔接：落实统筹平衡的安置原则。在移民补偿与安置策略上，遵循流域整体规划，确保两省（自治区）移民在补偿标准、安置政策上的一致性，避免因地域差异引发的不公平感。在具体实践中，严格遵照两岸一致原则审批移民个人补偿补助标准，以及按照各省（自治区）标准执行农用地区片综合地价及有关税费政策，体现了政策的公平性和连贯性。

（3）倾听民声，渠道畅通：确保政策透明。在移民安置过程中，项目实施方高度重视移民群体的参与和意见表达，通过座谈会、问卷调查、公开听证等多种途径，广泛收集移民需求和建议，确保移民的合理诉求被纳入政策考量之中。同时，强化地方政府在移民政策宣传方面的责任，通过多种媒介和渠道，增强政策透明度，引导移民正确认知和理解相关政策，构建和谐的移民安置氛围。

通过上述措施，金沙江上游水电工程的移民安置工作在复杂的省际差异背景下，仍然取得了积极成效，不仅保障了移民的合法权益，也为水电项目的顺利建设和区域社会经济的和谐发展奠定了坚实基础。

6.8 凸显特色：贴合民风民俗，拓新理念方法

金沙江上游地处横断山区的大山大河夹峙之中，居民的生活风俗习惯别具一格，文化自成体系，在符合国家法律法规政策规范的基础上，充分尊重当地地域风俗文化，是做好金沙江上游地区移民规划的重要前提。主要的理念有：①以人为本的理念；②物质文化与非物质文化并重的理念；③工程建设与自然和谐的理念；④统筹兼顾突出重点的理念。具体做法包含以下方面：

（1）在文化保护方面，高度重视库区传统文化保护与传承，严格履行项目开发者的社会责任。金沙江上游涉藏地区藏民普遍信教，宗教对藏民具有极其重要的作用。在移民安置过程中，藏民不仅关注物质补偿的额度，更加重视宗教寺庙的保护与迁徙后宗教活动的延续性，这些精神文化层面的需求往往是移民规划实践中易被忽略的关键点。如苏洼龙水电站移民规划的调查及编制过程中引入民族文化学专家参与，由民族文化专家、移民代表及移民规划设计人员共同决定哪些文化事项需要保护，在搬迁补偿费用中计列专门的宗教仪式仪轨费，对不能搬迁的宗教设施予以工程防护等措施，都充分考虑了民族风俗习惯、宗教信仰，听取了移民代表意见，使移民规划更贴合当地实际。做好当地少数民族传统文化的保护工作，有利于当地移民与社会各界对工程的理解与支持，确保工程建设有一个良好的施工环境。

（2）在集中安置方面，依托金沙江流域的地形地貌，依山就势，因地制宜开展场平设计。金沙江上游涉藏地区位于横断山区之中，沿河平缓谷底多数被淹没，能作为移民安置新址的场地少之又少。因此，在选址策略上，倾向于选取多个相对集中的小规模安置点，而非单一广阔平台，用多台式代替大开挖是涉藏地区居民点布置的常见方式。同时，在建设用地资源有限时，建设用地条件较好的区域优先布置居住建筑，条件稍差的布置公共建筑，再差一些的布置基础设施（如道路、广场）。

（3）在民俗民风方面，充分尊重民族生活习惯，量身定制开展规划设计工作。例如，居民点院落布局、户型设计做到与原住宅布局功能大体相似，公共建筑体现藏族文化符号，考虑适当的宗教活动广场等，确保物质空间与文化设施同步建设，让移民尽早适应新的社会文化环境，快速融入当地的社

会生活中,早日恢复居民点生产生活功能。

(4) 在经济发展层面,要结合地方发展规划,科学预留发展空间。居民安置点建设应当与地方产业发展规划相互衔接,着力培育移民新区的"造血"功能,确保移民能够顺利迁移、稳定生活并逐步走向富裕。重点是将当地的旅游开发、新农村建设、对口扶贫等项目资金、资源进行整合统筹打包,在移民规划中要求超前规划,通盘布局,做到既满足移民规划的"三原"原则,又结合地方的发展诉求,达到电站开发与带动地方经济发展共赢的效果。

6.9 问题导向:狠抓重点难点,创新建管模式

我国水电站建设坚持"先移民后建设"的工作方针,移民工程对项目工期的制约越来越明显。如何超前谋划、精心组织征地移民实施工作,越来越提上议事日程。水电移民工程项目重难点一般是集中安置点建设及一些重要的基础设施(如桥梁、隧道等)的建设,根据各单项工程建设特点及和关键节点的关系,合理选择建设模式,保证项目按工期建设完成至关重要。近年来在国家及省级层面大力出台鼓励移民工程多元化建设模式的政策引导下,金沙江水电项目建设中实践了大量非常规的建管模式,收效良好,既满足了电站主体进度,又得到了地方政府及移民的高度认可,达到了双赢的效果。总结起来,主要有以下几个方面:

(1) 结合居民点的实际情况,多元化地选择居民点建设模式,确保居民点建设顺利实施。

分散安置的居民点,移民意愿千差万别情况复杂,建议尊重移民意愿,采用自建的方式。集中安置农村居民点一般采用统规自建,其优点在于符合乡村规划相关的规定,权利责任明确,较少引起建筑施工纠纷;进城安置和集镇迁建,由于规模大级别高,往往需要得到迁入地政府、当地移民管理部门的大力配合与支持,建议采用统规统建的方式及时启动迁建工作,以降低沟通成本,做到提质增效。由于电站主体设计单位对项目的情况较为熟悉,因此集镇的迁建设计一般交由主设单位承担代建工作较为可行。

(2) 合理选择专项建设模式,确保复建项目顺利实施。

项目建设难度大、工艺要求高、时间要求紧的项目,建议采用项目法人或主体设计单位代建,而一般专业项目(如电力、电信、道路等)则建议交由权属单位或主管部门委托或负责建设。主要通过提前编制实施组织策划,

根据各专项对水电站关键节点目标的影响，合理选择建设模式。如复建公路、工程投资大，建设程序复杂，是能否按期完成截流的关键复建项目，采取由项目建设单位代建方式建设。根据项目的不同特点，合理策划复建模式，取得了明显的成效。

(3) 根据不同项目对主体工程进度、投资的影响程度，选择不同的建设方式。

集镇、居民点场平及基础设施等常规项目，一般由县级主管部门建设，由地方政府作为移民单项工程实施管理的主体负责对移民工程的勘测、设计、监理、施工全过程进行管理，并按照建设项目工期和设计要求完成建设任务。对项目周期较紧的项目也可由地方委托主体设计单位或项目法人进行代建。代建可以在设计深度方面严格把关，避免出现设计深度不够、频繁变更等问题引起的超概现象，并可严格按照工程建设管理程序加强过程结算、变更审查、验收移交等管理。

常规模式与代建模式有机结合，创新了建设管理模式，为流域开发奠定了良好的实践基础。苏洼龙水电站是金沙江上游流域第一个开发建设的电站，在流域开发中起到了示范引领作用，形成"苏洼龙模式"，金沙江上游水电开发也形成了"金上模式"，特别是建设模式方面得到行业的认可、复制、推广。

6.10 管控资金：提高使用效率，严控补偿概算

(1) 贯彻落实战略部署。在项目实施过程中，金上公司全面贯彻落实集团公司战略部署，牢固树立"基建即经营"的大经营理念，将控制征地移民投资与控制工程投资同等对待，坚持外争政策、内强管理、全方位全过程控制投资。项目单位按照审定的移民投资概算从严从紧控制各项移民费用支出，严格控制移民投资概算，全力提高项目经济性[30]。

(2) 合理编制移民安置大纲和移民安置规划。移民安置规划大纲负责确定移民规划原则、移民安置任务、移民安置标准和安置方案，在此基础上进行规划设计，计算移民补偿补助费用，完成移民安置规划设计编制。因此，科学合理地编制移民规划大纲和规划报告是做好征地移民工作的基础，也是有效提高资金管控力的前提。严格按照"先内审，再外审"的原则，加强内部过程管控。坚持移民群众安置补偿标准两岸基本一致，其他税费按两

省（自治区）地方政策执行，加强与地方各级政府的沟通汇报，科学引导规划方案的编制。在规划编制中严守政策底线，妥善处理地方政府和移民群众的利益诉求。

（3）策划先行统筹兼顾。提前开展移民安置实施组织策划工作。围绕电站截流和蓄水发电目标，并结合现场的实际情况，梳理移民关键工程，抓住主要矛盾，统筹兼顾，优化管理。及时组织设计单位、项目分公司开展编制移民安置实施组织策划，并按照先内审后外审的程序，提前谋划实施阶段的征地移民安置工作，对控制征地移民投资发挥了重要作用，保证征地移民实施工作的有序开展。

（4）优势互补实现共赢。移民工程项目建设多模式优势。对于技术含量不高、较为安全的项目由县政府自行组织实施。对于技术含量高、有一定危险性、影响面广的重大关键项目，充分利用业主或主体设计单位的技术优势，实施代建模式，交由专业团队服务，提高资金使用效率，实现共赢。

（5）紧抓进度缩短工期。农村移民实施"早启动早搬迁"策略，结合金沙江上游流域实际情况以及精准扶贫、易地搬迁要求，具备"早启动早搬迁"的项目，尽早启动搬迁，加快搬迁进度，缩短工作周期，避免因政策的调整、方案变更、物价上涨等因素或因地方政府的诉求反复变化而增加移民投资。

6.11 锚定目标：强化过程管控，监管进度计划

金沙江上游川藏段在移民安置实施阶段参加各方的共同努力下，克服白格堰塞湖的不利因素，移民实施进度可控，移民安置顺利通过了工程截流阶段或工程蓄水阶段移民安置验收，满足电站截流、蓄水时间阶段要求，实现预定目标。总结起来，主要有以下几个方面：

（1）注重重大单项工程的实施组织策划。重大单项工程实施过程中，实施各方充分做好测算，包括移民安置进度控制节点及任务分析、移民单项工程实施组织策划、移民综合实施组织策划、移民单项工程建设方式、移民实施管理等，全面、系统地研究提出了移民安置实施组织策划的主要原则、内容、范围、技术路线，详细提出了移民实施的重点工程、控制性工程、难点问题及其解决思路、措施和实施流程。

（2）提前策划，做好与易地扶贫搬迁政策体系衔接。结合相关项目经验分析，移民安置与扶贫工作的衔接是金沙江上游水电工程移民安置工作的重

难点，也是亮点所在。实施过程中从政策体系、管理程序、身份认定、安置标准、安置方案、实施进度、资金整合、实施管理、验收处理等多角度对两套体系能否整合进行了较为充分的研究，为各方统一思想、后续移民实施工作奠定了基础。

（3）按照"依法优先、生命优先、农村优先、小项优先"的工作方法推动移民安置验收工作。2018 年 11 月发生白格堰塞湖灾害后，受白格堰塞湖泄洪影响，G318 受损严重通行条件较差，几座水电站的移民安置实施工作滞后，但各方克服困难，按照"依法优先、生命优先、农村优先、小项优先"的工作方法，基本实现蓄水时间阶段要求。

6.12 强化管理：管控设计变更，维护规划严肃性

（1）坚持法治移民，巩固政策基石。移民安置工作秉承"依法移民"的核心理念，严格遵循国家及四川省、西藏自治区关于征地移民的法律法规、政策规程及已审定的建设征地移民安置规划报告。在实践操作层面，明确界定省（自治区）、市（州）、县各级移民管理机构、项目法人、设计单位及监督评估单位的具体职责，细化各级协调机制与操作路径，旨在通过健全的管理体系，促进移民安置工作的规范化、法治化，激发参与方的积极性与创造性，确保移民安置工作有序先行。

（2）全过程咨询与节点技术审查，强化管控效能。为确保规划方案的严谨性与稳定性，项目采取了全过程咨询服务与关键节点技术审查相结合的策略。移民现场设计代表（移民设代）与移民监理机构携手，通过强化设计变更的管理流程，提升了项目的整体管控能力，确保投资预算的准确与可控。这一举措强调了事前预判与深度参与设计变更管理的重要性，旨在充分发挥监理与设计单位的引领作用，坚守已批准施工图设计的权威性，秉持"确有必要，谨慎变更"的原则，确保设计变更的合理性和必要性。

（3）严格审批程序，维护规划严肃性。在设计变更的管理上，严格执行"先批后变"的原则，任何设计变动均须经过严格的审批流程，确保变更依据充分、方案科学、成本合理、程序合法。变更申请需经过移民设代的详尽合理性论证，并经由四方会议（项目法人、设计单位、监理单位及移民代表）一致同意后，按层级上报。对于影响重大的设计变更，则需由建设单位组织专项报告，递呈原审批机关复审。这一系列严格而有序的管理措施，有效地

维护了移民安置规划的严肃性与稳定性，确保了规划成果的连贯性和执行的有效性。

综上所述，通过强化管理机制、实施全过程咨询、加强关键节点技术审查及严格控制设计变更，不仅维护了规划成果的权威性，还促进了移民安置工作的高效、合规进行，为同类项目的管理实践提供了宝贵的参考与借鉴。

6.13 以人为本：尊重移民意愿，维护社会稳定

在金沙江上游水电移民工作过程中，无论是在前期规划阶段，还是在移民安置实施阶段，始终坚持以人为本的原则，积极响应移民关注的各项事宜。特别是涉及移民切身利益的实物指标调查、移民安置区选择、补偿补助标准确定、宅基地分配等内容，均充分听取移民群众意愿，接受移民的监督，尊重和保护移民群众表达诉求的权利，为金沙江上游水电工程建设征地移民安置的顺利实施以及地方经济社会的和谐稳定打下了坚实基础。

（1）科学构建实物指标调查项目体系，细化实物指标调查和补偿标准确定方法。金沙江上游水电工程建设征地实物指标调查前，各有关方结合建设征地范围内建筑风格风貌、宗教设施和民族文化情况，配备专门的具有较好群众基础且会藏汉双语的工作人员开展实物指标调查。对于特色实物指标的调查，做到全面记录、不遗不漏，充分保障了移民的合法权益。在宗教设施的调查环节，充分尊重地方宗教文化，调查结果得到地方宗教设施权属人和信众的认可。此外，对于涉及移民权益的实物指标补偿补助标准，通过采取选取典型，测算重置房屋、宗教设施等费用来分析确定，较为全面地保障涉藏地区移民的合法权益，得到移民和地方政府的高度认可。

（2）尊重移民意愿，合理拟定移民安置方案。移民意愿调查是水电工程建设征地移民安置规划工作中的重要环节，关乎移民群众安居乐业以及地区整体和谐稳定。在实物指标调查前，广泛开展移民安置政策宣传，使移民群众懂政策知程序。在实物指标调查时，优化移民意愿调查工作流程，保障移民安置意愿得到充分体现；紧紧围绕移民安置去向、集中安置点规划与建设、社会关系网络和宗教活动等移民重点关注问题，提前谋划安置点选址与规划工作，提升移民安置规划的可操作性，切实维护移民群众合法权益，提高移民群众和地方政府的满意度，更好地实现"开发一方资源，造福一方百姓"的目标。

(3) 切实履行移民安置实施工作程序，科学处理移民诉求。在实施过程中，严格按照国家和省级相关政策，并结合地方实际，合理制定移民实施管理办法、资金管理办法、人口界定管理办法，并严格落实到移民工作中。同时针对移民安置实施中存在的移民诉求问题，成立问题处理工作组，专项处理移民提出的各种诉求。通过现场沟通、村级协调会、乡镇级协调会、县级协调会等方式集中、快速处理移民的各项诉求，并在最短时间内给予移民答复，不合理、不合规诉求得到有效化解，合理、合规诉求得到及时解决。

6.14 统筹规划：助力脱贫攻坚，推进乡村振兴

移民安置工作的统筹规划不仅是脱贫攻坚与乡村振兴战略实施的重要推手，更是实现社会公平、包容性及可持续发展不可或缺的关键步骤[31]。采取"三定"帮扶策略（即定点、定资金、定项目），直接向地方政府的精准扶贫项目注资，精准对接产业扶贫，如扶持特色农产品种植、乡村旅游开发等，有效激活地方经济潜力，加速产业结构调整，形成具有地方特色的经济增长点，为地方经济的长期繁荣与发展提供持久动力。通过统筹规划、精细管理、多方合作和持续发展，实现更加公正、包容且可持续的社会进步。在实施过程中，金沙江上游各梯级电站与地方政府的扶贫搬迁、基础设施修建等进行统筹结合，有效带动区域移民脱贫致富。具体而言包含以下方面：

(1) 构建多元化参与的合作机制。移民安置被视为一项全社会共同参与的综合性工程，不仅仅是政府的责任，更需要社会各界的共同参与，需要鼓励非政府组织、私营企业等积极参与，形成合力以解决搬迁过程中可能出现的各种复杂问题。

(2) 各方齐心协作。各级政府部门在实施过程中加强对移民安置工作的监督指导，优化资源配置，提高安置质量，确保移民群众稳得住、能致富。通过有效的统筹规划，移民安置项目可以成为脱贫攻坚和乡村振兴的强大推动力。

(3) 提前实施移民工程，将直接影响移民生活与生计的民生工程与脱贫攻坚工作有机结合，提前部署实施，促进地方区域经济发展。

(4) 注重可持续发展。在制定移民安置方案时，计列了移民培训费用，确保搬迁后的居民能够获得稳定的职业培训、教育资源和医疗服务，从而避免因缺乏后续支持而导致的返贫现象。

项目业主与地方政府密切沟通，力所能及地支持地方相关产业发展。按照华电集团和华电金上公司安排，在沿江两县实施定点帮扶。苏洼龙分公司承担两个村 131 户 777 人精准帮扶任务，采取精准帮扶的方式，开展定点、定资金、定项目的"三定"帮扶活动。苏洼龙分公司通过向巴塘县、芒康县的精准扶贫项目分别注资 500 万元，支持地方产业，突出绿色生态优势。针对南戈村，特地规划旅游民宿项目，将移民安置与当地旅游业规划相结合，全面带动地方产业发展，推进乡村振兴。

6.15 担当有为：践行央企责任，助推地方发展

在新时代背景下，中国经济的蓬勃增长见证了中央企业在推动国家进步中的中流砥柱作用。尤其是在面对自然灾害、公共卫生事件等国家与社会的关键时刻，央企积极践行社会责任，不仅有力支援了应急救援和灾后重建，更为地方经济发展注入了强劲动力[32]。央企与地方政府的深度合作模式，成为区域经济转型升级和可持续发展的重要推手，构建了一种互利共赢的新型政企关系典范。

（1）提升基础设施，奠定发展基石。央企在移民安置与地方建设中，尤其注重基础设施的高标准建设。针对关键的国省干道，提前规划，提升道路等级，优化交通网络，同时改进供水系统，升级供电设施，增设通信基站，这些举措极大改善了区域基础设施条件，为地方经济社会发展铺平道路，也为当地居民提供了便利的生产生活环境，为脱贫攻坚和乡村振兴战略的实施奠定了坚实基础。

（2）教育扶贫，实施人才兴农。实施"三定"培养方案，即"定向招生、定向培养、定向安置"，精准对接库区贫困家庭子女的教育需求，资助其进入专业技术学院深造，全程包揽生活、交通及学费，确保学有所成后直接返回家乡，参与水电站运营工作。这种模式不仅解决了贫困生的教育难题，还为当地培养了一支高素质的专业技术队伍，为地区产业升级和经济转型提供了人才保障。

（3）劳务本地化，激发内生动力。过地方政府的协调，央企项目积极吸纳当地劳动力参与工程建设与日常运营，特别是在保安、保洁、绿化等服务性岗位上，确保当地用工比例不低于 40%。这一措施不仅有效促进了当地就业，增加了居民收入，还增强了群众对项目建设的认同感与参与感，实现了

经济发展与社会稳定的双赢。

（4）灾后重建，体现央企担当。在项目建设过程中，央企全力以赴为白格堰塞湖抢险提供工程建设管理、技术支持。在整个过程中，党员干部冲锋在前，深入一线，昼夜奋战，忘我奉献，完成大量现场调查，提出系列研究成果和工程建设措施，全力防控金沙江白格堰塞湖的泄洪风险，充分体现了央企的社会责任担当。整个过程中，政府与企业管理高度融合，各方协调有序、步调一致，最大限度地降低了自然灾害的影响，全力确保社会的稳定，有效地实现了项目建设与社会发展的良性结合。

6.16 善谋长远：注重产业扶持，激发发展潜能

党的二十大提出，到21世纪中叶全面建成社会主义现代化强国、实现第二个百年奋斗目标、实现中华民族伟大复兴。金沙江上游水电工程项目所在区域，多为历史上的贫困地区，推动高质量发展基础薄弱，为确保地区到2035年与全国同步基本实现社会主义现代化，需要强化地区的内生发展动力。在水电开发过程中，项目法人、地方政府与设计单位，从规划到实施阶段，通过扶持地区产业、优化集体资产推动地区社会经济发展，增强当地后续发展能力。

遵循习近平总书记关于"产业振兴是乡村振兴的核心驱动力，发展特色经济为关键路径"的重要战略思想，公司与地方政府紧密协作，积极助力地方特色产业的蓬勃发展。在这一合作框架下，公司不仅聚焦于当前的经济支持，更着眼于长远的可持续发展策略。根据华电集团和华电金上公司的总体部署，在沿江深化定点合作，以苏洼龙分公司为实施主体，通过"三定"模式精准对接地方发展需求，推动产业升级与转型。这一模式超越了传统的援助范畴，更加注重资源的有效配置与项目的长期效益，确保每一分投入都能转化为地方经济发展的强大动力。

苏洼龙分公司进一步加大对巴塘县、芒康县特色产业的投资力度，各注资500万元，旨在强化绿色生态优势，促进地方特色产业的品牌化、规模化发展。只有立足当地资源禀赋，发展具有竞争优势的特色产业，才能从根本上激活地方经济，实现乡村振兴的良性循环。

此外针对南戈村，公司特别规划了旅游民宿项目，将其融入当地旅游业发展大局之中。这一项目不仅为移民安置提供了新的解决方案，还通过旅游

产业的带动效应，全面促进了地方经济的多元化发展，致力于将南戈村打造成为集自然风光、民俗文化、生态旅游于一体的特色旅游目的地，为乡村振兴注入新的活力与动能。

"十四五"规划和2035年远景目标纲要提出，要"深化农村集体产权制度改革，发展新型农村集体经济"；2022年中央一号文件再次明确提出巩固提升农村集体产权制度改革成果，探索新型农村集体经济发展路径。金沙江上游水电工程合理利用集体资产，通过空间布局让利百姓、移民搬迁安置与打造美丽生态旅游小镇结合、将集体林草地和附着物补偿补助费统筹建设集体经营性房屋并分红给村民等方式，较好地处理个体经营与集体经济的统分关系，盘活利用集体闲置宅基地和闲置住宅，促进集体经济与多种经济协同发展。

第7章

展　望

　　本书在总结金沙江上游川藏段水电工程移民安置工作经验的基础上，分析其创新与不足，并提出了未来工作展望。为进一步提升移民工作水平，各级政府应当针对特定地区的移民安置工作进一步细化和完善相关政策，如利益共享实施细则、逐年货币补偿实施细则、民族文化和宗教保护措施以及移民安置与后续发展的融合方案等。

　　在规划设计层面，建议针对涉藏地区移民安置工作的特殊性，规划适宜的移民安置方式，提升基础设施和公共服务设施与行业规划的衔接融合度，加强移民后续发展规划深度。同时，在实施管理过程中，应不断总结经验和教训，创新工作方法，简化审批流程，以提高移民安置工作的效率和效果。

　　在区域开发层面，建议在金沙江上游区域推动水风光一体化的发展，特别是在岗托和波罗等区域的开发。为此，应建立健全政策框架与支持机制，以确保可再生能源项目的顺利实施，同时兼顾生态环境的保护与当地居民的可持续发展。此外，建议设立专门的监督机构，对项目实施情况进行评估与管理，以实现经济效益与生态效益的双赢。

　　在城乡融合发展方面，为了实现涉藏地区移民的城乡融合发展，应充分利用新质生产力，通过引入智能技术和数字化应用，提升传统产业的现代化水平。同时，鼓励移民结合当地资源优势，发展特色农业和生态旅游，推动绿色经济的蓬勃发展。加强基础设施建设，如信息网络和交通设施，以解决城乡之间的连接问题，提升资源配置的效率。

　　在文化传承和保护层面，对于文化遗产尤其是寺庙等历史建筑的保护与利用，建议成立专门的研究小组，深入探讨其在社区与旅游发展中的功能与价值。开展寺庙处理的专题研究，提出科学合理的处理方案，确保妥善处理寺庙的迁建和补偿，对寺庙进行合理保护，并推动迁建的寺庙在新的社区环境中继续发挥宗教和文化功能，促进移民过程中的社会和谐与稳定。

这些政策的完善将有助于确保移民安置工作的科学性和有效性，推动涉藏地区水电工程开发的顺利进行，为涉藏地区移民的长期发展与地区的可持续繁荣贡献智慧与力量。

参 考 文 献

[1] 房闵，李贵兵，朱瑜. 金沙江上游水电工程移民安置难点及对策研究［J］. 北京水务，2022（5）：53-57.
[2] 林朝阳. 金沙江上游川藏段梯级水电开发征地移民工作研究［J］. 四川水力发电，2019，38（1）：7-9.
[3] 李家明，郑萍伟，徐明山，等. 金沙江上游川藏段水电工程移民安置点选址难点及思考［J］. 水利技术监督，2023（8）：92-95.
[4] 郑萍伟，李家明. 藏区水电工程建设征地寺庙迁建效率影响因素及建议［J］. 人民黄河，2022，44（S2）：268-270.
[5] 胡斌，马庆丰. 西藏水电工程移民安置主要工作特点及应对措施——以西藏ZY水电工程为例［J］. 小水电，2024（4）：39-42.
[6] 刘力畅，王一丁，曹芮源. 浅析西藏当代建筑风格的特征及演变［J］. 四川建材，2024，50（4）：24-25.
[7] 王达标，刘超. 浅析传统藏式建筑群体布局的特征［J］. 住宅产业，2023（9）：43-45.
[8] 次仁德吉，妮妮美朵. 和平解放70年来西藏宗教工作的阶段性特征探析［J］. 西藏研究，2021（5）：10-16.
[9] 李家明，苟艾劼，唐恺. 藏区水电工程移民安置意愿影响因素及改进思路［J］. 水利规划与设计，2023（5）：98-101.
[10] 文韬，曾威. 藏区水电移民生产安置方式适宜性分析［J］. 价值工程，2019，38（32）：125-127.
[11] 曾耀. 浅议藏区水电移民居民点规划［J］. 智能城市，2019，5（18）：137-138.
[12] 中国电建集团北京勘测设计研究院有限公司. 金沙江上游苏洼龙水电站建设征地移民安置规划报告［R］. 2015.
[13] 中国电建集团北京勘测设计研究院有限公司. 金沙江上游苏洼龙水电站建设征地移民安置实施组织策划研究报告［R］. 2016.
[14] 郑萍伟，曾燕. 藏区水电移民安置与扶贫搬迁工作统筹结合初探［J］. 水利规划与设计，2021（9）：16-18，131.
[15] 赵升奎，康德宏. 水电工程移民前期补偿中的问题研究——基于金沙江下游四大梯级电站移民案例分析［J］. 昭通学院学报，2015，37（6）：1-7.
[16] 刘春平，周清. 浅谈水电工程农村移民逐年补偿安置的实施［J］. 城市建设理论研究（电子版），2018（19）：3.
[17] 中国电建集团北京勘测设计研究院有限公司. 金沙江上游苏洼龙水电站南戈洛绒集中

安置点规划设计专题报告［R］. 2015.

[18] 中国电建集团北京勘测设计研究院有限公司. 金沙江上游苏洼龙水电站巴塘县南戈村移民安置点变更初步分析报告［R］. 2016.

[19] 吴耀宇，张莹莹，代磊. 浅谈西藏自治区水电移民工作机制现状及建议［J］. 人民长江，2017，48（S2）：265-268.

[20] 石昕川，杜智毅，向军，等. 水利水电工程开发在全面建成小康社会中的历史贡献研究［J］. 水利水电技术（中英文），2024，55（S1）：270-274.

[21] 中国华电集团移民管理创新［J］. 水力发电，2014，40（2）：27-30.

[22] 中国电建集团成都勘测设计研究院有限公司. 金沙江上游叶巴滩水电站建设征地移民安置规划报告［R］. 2016.

[23] 中国电建集团中南勘测设计研究院有限公司. 金沙江上游拉哇水电站建设征地移民安置规划报告［R］. 2017.

[24] 中国电建集团西北勘测设计研究院有限公司. 金沙江上游巴塘水电站建设征地移民安置规划报告［R］. 2017.

[25] 桂泽文，黄昭甫，康智玮. 新土地管理法背景下水利水电工程移民安置规划工作的理论探索［J］. 水电与抽水蓄能，2023，9（S1）：112-115.

[26] 李芳. 大中型水库移民动迁补偿资金使用管理存在问题及对策探析［J］. 地下水，2019，41（6）：246-247.

[27] 孙奎. 浅谈新形势下水利水电工程移民生产安置［J］. 中华建设，2023（11）：27-29.

[28] 李会甫，冯宏伟，曹振飞. 水电工程移民安置实施阶段移民管理体制探讨［J］. 水力发电，2020，46（7）：27-30.

[29] 滕祥河，李春艳，文传浩. 新中国成立70年来中国特色水利水电工程移民理论的演进阶段、逻辑及取向［J］. 中国农业大学学报（社会科学版），2019，36（5）：34-44.

[30] 杜智毅，吴晓，陈歆怡. 四川省大中型水库移民后期扶持资金使用管理问题及建议［J/OL］. 水利水电技术（中英文），2024（11）：1-8.

[31] 李家明，邓珠泽仁，沙英莫. 水电移民政策助力西藏地区巩固拓展脱贫攻坚成果的若干思考［J］. 水利技术监督，2024（1）：122-125，155.

[32] 刘娜. 水利水电工程建设征地和安置补偿中的地方政府责任［J］. 湖北农业科学，2017，56（19）：3758-3760，3764.